障害児の発達臨床 I

# 感覚と運動の高次化からみた子ども理解

宇佐川浩 ▶著

学苑社

は　じ　め　に

　臨床心理学を学びはじめていた学部の学生の頃から、障害幼児に係わりはじめ、以来ずっと幼児療育臨床とその研究にとりくんできたことになります。大学院以降三十数年間、臨床対象も研究スタイルもほとんど変えないで、よく続けてこられたと思う反面、こと臨床に関してはあまり辛かったという印象はなく、楽しく充実した日々を過ごすことができました。
　ところで発達支援の流れは、個々の支援計画を作成し、さまざまな人々と連携を深めながら進めていくという方向にあり、それだけ地域・社会の中で全体を見据えた子育て支援に向かっているといってもよいでしょう。単発的支援から総合的な支援へという意味で、やっとここまで到達したのかと、嬉しく思わないわけではありません。
　一方で子どもに直接係わる方法や育てていく内容については、弱体化しているかもしれないという危惧も覚えます。それは学会での研究動向や出版物や研修会の内容をみても感じるところです。実際には支援の難しい「障害の重い子ども」や「軽度発達障害児」が増えるなか、いまこそ彼らの理解を一層深めながら、係わりや活動を工夫し展開していくことが問われているのではないでしょうか。現在の発達支援が臨床方法論を軽視しがちなことに、いささかの疑問をもたずにはいられません。子どもの見方についても、障害の特性というネガティブな側面のみに着目したり、逆にそれらには全く目を向けないでよいところを育てるという総論的な主張等、両極の意見も少なくないようです。障害学研究が最適な支援方略には繋がりにくいものだという、私自身の自戒の念もこめて、いっそう研究法や臨床法の開発に努力を重ねなければならないと思います。伝統的な心理学や障害学にこだわり過ぎないで、少々視点を変え別の発想で理解や支援を考えるほうがよいのではないか。実はかけだしの頃から考え続けていた、私の素朴な危機意識だったのかもしれません。
　本書は私にとって5冊目と6冊目の出版物になります。最初に刊行した『感覚と運動の初期発達と療育』からは21年が経過しましたが、根底にある人間観

や療育観が著しく変化したというわけではありません。むろんこの間の学問の進歩にも学ぶところは大でしたし、遅々たるあゆみではありましたが臨床経験の積み重ねによる発達臨床的視点の深まりもありました。感覚と運動の高次化という当初から考えていた発達臨床的視点を基盤にしつつ、私自身の子どもを捉える眼の成長過程として、その後の著書が刊行されてきたといってよいでしょう。最初の本が感覚と運動の高次化理論の基礎的な枠組みの紹介だとするならば、2冊目は認知と対人関係を統合的に捉え自我発達という観点から記し、3冊目は発達理論、方法論、教材論、臨床訓練などの研究を総括的にまとめたものとして、4冊目は対人関係や情緒発達と感覚と運動の高次化との関連に焦点をあてて執筆したことになります。そしてこの5冊目と6冊目の本書は、つまずきを示す子どもたちの理解のありようを、研究法を含めて根底から捉えなおし、それと関連づけて発達臨床のあり方を、より緻密かつ具体的に考えようと努力しました。十分記述できたというわけではありませんが、私自身のひとつの区切りとして位置づけることができると思います。

　本書もこれまでと同様に、淑徳大学発達臨床研究センターでの長期におよぶ臨床研究を中核に据えつつ、私自身が頻繁に関連させていただいた養護学校、療育センター、保育所等で子どもたちや先生たちから学んだ臨床的な知見を念頭において執筆しました。多くの学ぶ機会を与えていただいた子どもたち、ならびに関連諸施設の先生方、淑徳大学発達臨床研究センターの職員や院生、学生の方々にも御礼申し上げます。

　今回の執筆を終えて、かけだしの頃霜山徳爾先生から、臨床に対する真摯な姿勢とともに、臨床に即した柔軟な研究のあり方について、いつも学ばせていただいていたことを想い出しました。私の現在の臨床実践と研究の方向に大きく影響を与えたということも改めて自覚しました。臨床家としての初期学習が、いかに重く重要なのかも、自分自身を通してよくわかりました。こうした仕事を続けられてきたことに対して感謝し、またそのきっかけを与えていただいた霜山徳爾先生にも御礼申し上げる次第です。

宇佐川　浩

# 目 次

はじめに i

## 第Ⅰ部 子どもを捉える眼 1

### 第1章 子どもを理解する難しさ
　　　　―支援の前提となる理解はどうあるべきか― 2

1. 支援に繋がる子ども理解はありえるのか 2
2. 発達のバランスが悪い子どもたち 3
3. 発達臨床的アセスメントとは何か 5
4. できなさの意味が区別されにくい ―「わからないからできない、指示に応じられないからできない、表出上の問題でできない、みかけ上できるようにみえる」の意味の違い― 6
5. 自由度の高い場面と構造的場面との「場面差」の違い 8
6. 実践的やりとりを通してわかろうとすること 8

### 第2章 つまずきやすい行動とその発達的意味 15

1. 常識的子ども像が行動の意味理解を妨げることもある 15
2. 視線が合いにくいという意味 16
3. 無表情、笑顔がみられにくいという意味 16
4. 適正な情動域を保ちにくいという意味 17
5. 感覚の過敏性が示す生活上のさまざまな障害 17
6. 発達初期の感覚・知覚の使われ方の理解 19
7. 外界へ向かう姿勢や志向性がつくりにくいこと 21
8. 視覚・聴覚と運動が繋がりにくいこと 23
9. 手をうまく使えないことが、初期の認知の育ちを妨げること 25
10. みわけたり、ききわける知覚の弁別能力が育ちにくいこと 26
11. 聴覚優位と視覚優位な子どもの存在 26
12. つまずきやすい行動とその発達水準 27

### 第3章 発達臨床的視点とは何か 29

1. 発達臨床的視点Ⅰ ―行動を肯定的に捉えつつ発達的意味を探る― 29
2. 発達臨床的視点Ⅱ ―発達の水準を理解する― 32
3. 発達臨床的視点Ⅲ ―発達の個人内差と全体性を理解する― 35
4. 発達支援の基礎にあるもの ―外界志向性と自己調節性の重要性― 41

第4章　発達臨床的アセスメントと支援のプロセス
　　　　—臨床仮説と臨床方略を立てる道筋—　43

　1　子どもの発達支援のためのプロセス　43
　2　子どもの理解を深める　44
　3　臨床的見立てと臨床仮説の検討　50
　4　実践内容の決定　55
　5　ケース検討の内容　61

第5章　つまずきを捉えるための臨床法を考える　63

　1　つまずきを捉えるための教具と教え方による「ゆらし」　63
　2　客観的に理解する方法と相互反応的な理解の方法　68
　3　実践上の本質的な問題をすくいとるための方法　72

第6章　感覚と運動の高次化理論の発展過程　78

　1　臨床研究の発展過程　78
　2　初期の感覚のはたらきと運動の起こし方　81
　3　感覚と運動の繋がり方　83
　4　表象機能の拡がり　85
　5　臨床方略を考えるための感覚と運動の高次化発達臨床モデル　86
　6　感覚と運動の高次化発達ステージの枠組み　88

第7章　感覚と運動の高次化　第Ⅰ層
　　　　—初期の感覚と運動の世界—　90

　1　Ⅰ水準：感覚入力水準　91
　2　Ⅱ水準：感覚運動水準　102
　3　Ⅲ水準：知覚運動水準　103

第8章　感覚と運動の高次化　第Ⅱ層
　　　　—知覚の世界—　111

　1　Ⅳ水準：パターン知覚水準　111
　2　Ⅴ水準：対応知覚水準　124

第9章　感覚と運動の高次化　第Ⅲ層
　　　　—象徴化の世界—　133

　1　Ⅵ水準：象徴化水準　134

第10章　感覚と運動の高次化　第Ⅳ層
　　　　―概念化の世界―　144

　　1　Ⅶ水準：概念化1水準　147
　　2　Ⅷ水準：概念化2水準　153

第11章　感覚と運動の高次化からみたつまずきの理解
　　　　―障害の分類カテゴリー再考―　164

　　1　伝統的な発達障害の枠組みへの疑問　164
　　2　発達プロセスからみた障害理解　166
　　3　プロセスⅠ：感覚入力レベルの発達とそのつまずき　166
　　4　プロセスⅡ：知覚レベルの発達とそのつまずき　169
　　5　プロセスⅢ：中核となる発達レベルとそのつまずき　172
　　6　プロセスⅣ：表出系レベルの発達とつまずき　174
　　7　ラベリングされた障害名と発達プロセスからみたつまずきの理解　177


第Ⅱ部　感覚と運動の高次化発達診断評価法　187

　Ⅰ　感覚と運動の高次化発達診断評価法の概要　188

　　1　発達診断のための発達水準　188
　　2　感覚と運動の高次化発達診断モデルと評価領域　189
　　3　評価方法　190
　　4　各領域の発達水準到達の判定　191
　　5　結果の読み取り方　192

　Ⅱ　感覚と運動の高次化発達水準からみた領域別の評価　195

　　　Ⅰ水準（感覚入力水準）の領域別評価　195
　　　Ⅱ水準（感覚運動水準）の領域別評価　196
　　　Ⅲ水準（知覚運動水準）の領域別評価　199
　　　Ⅳ水準（パターン知覚水準）の領域別評価　202
　　　Ⅴ水準（対応知覚水準）の領域別評価　207
　　　Ⅵ水準（象徴化水準）の領域別評価　211
　　　Ⅶ水準（概念化1水準）の領域別評価　216
　　　Ⅷ水準（概念化2水準）の領域別評価　221
　　　感覚と運動の高次化パターン化チェックリスト　226

# 障害児の発達臨床Ⅱ
## 感覚と運動の高次化による発達臨床の実際
## 目次

第Ⅲ部　発達臨床の実際
- 第12章　認知を育てる発達臨床
- 第13章　拒否と自己像を育てる発達臨床
- 第14章　情緒を育てる発達臨床
- 第15章　模倣を育てる発達臨床
- 第16章　自閉症児の発達臨床
- 第17章　軽度発達障害児の発達臨床
- 第18章　発達臨床における個別と集団アプローチ
- 第19章　発達臨床における教材・教具の意義と活用
- 第20章　音楽療法による発達臨床
- 第21章　コミュニケーションとことばを育てる発達臨床
- 第22章　家族へのサポートを考える

第Ⅳ部　発達臨床類型からみた支援
- 第23章　感覚と運動の高次化からみた発達臨床類型
- 第24章　発達の層からみた臨床類型整理チャート
- 第25章　臨床類型的視点による療育経過の分析

付録　感覚と運動の高次化による発達臨床の要約
あとがき
文献
索引

装丁　大野　敏

# 第Ⅰ部

# 子どもを捉える眼

# 第1章

## 子どもを理解する難しさ
―支援の前提となる理解はどうあるべきか―

## 1　支援に繋がる子ども理解はありえるのか

　発達につまずきを示す子どもたちを育てていく際の基本的な前提は、子どもをよく理解した上で、指針や方法を考えていくことにある。ところがこの前提条件が満たされない実践も少なくない。「発達につまずく」という捉えが、健常児と比べて、できない遅れている、変容しにくい恒久的な障害という意味になりやすい。つまずきのもつ本質的な発達の意味を、劣等性に限定せず肯定的にも捉えなおし、子どもの育ちに反映する視点がもてるかどうか、まずは問われるところである。

　もうひとつの考え方として、個々の発達過程に着目して育ちつつある存在の子どもを捉え、発達プロセスを予測しながら支援していくという見方があげられる。どちらかといえば筆者もこの立場に近いのだが、それならば健常児の発達を熟知していればうまくいくのかといえば、事はそれほど簡単ではない。仮に健常児と対比させた発達水準で、何歳レベルあるいは劣っているという説明ができたとしても、それがつまずきの意味を捉えつつ育てるというところまでには到達しえない。結局支援に繋げる理解様式にはなりにくいことも多い。

　一例をあげてみよう。発達障害児が頭の中で想い浮かべるといった表象機能につまずきやすいということは、心理学からみれば常識的な事柄である。しかしごく自然に表象機能を獲得していく健常児の発達過程に基づいた説明では、表象機能のつまずきと育ちの意味理解として不十分である。発達初期にいる子どものばあい、視線の共有からはじまって、指さし、模倣、象徴あそび（みた

てあそび)という表象の基盤とされる内容もまた育ちにくい。視覚運動系処理と聴覚音声系処理とのバランスも悪く統合しにくい。筆者らの事例研究からは、それぞれのプロセスで細かなつまずきが生じ、相互的に絡んで表象機能の獲得を妨げると考えられた。「障害が重い」といわれる子どもたちの「育ちの過程」に焦点をあてて、縦断的かつ多面的に臨床事例を捉えていくことが、表象機能の獲得プロセスを理解することに繋がった。結論的には、前庭感覚、固有感覚、触感覚を使った触運動的探索活動の重要性、視覚運動処理、聴覚運動処理による空間的、時間的世界の形成、さらには視覚と聴覚の統合的世界の形成等が、彼らの表象機能の獲得に重要であることが理解された。そして多くの発達臨床事例を集積しながら、筆者の子ども理解の視点を構築してきたことになる。

健常児の発達過程からは説明しにくいもうひとつの気づきは、個人内の発達差が著しく、アンバランスであったということである。この事実をどう捉えて支援するのか。これまでの研究や実践をみる限りでは、この個人内差という視点に十分対応しているようには思えない。個人内差を捉えるアセスメントツールが少ないことも要因のひとつではあるが、全人格が捉えられるよう、全体の絡みを意識しながら、個人内差のアンバランスに着目するという視点が、もっと活かされなければならない。それが彼らの生活世界に、大きな意味を付与することに繋がると考えるからである。

## 2 発達のバランスが悪い子どもたち

実際の子どもたちの様子に目を向けてみよう。音楽が大好きな発達初期にあるAくんは、和太鼓を叩くことを気に入っているが、伴奏の音楽がはじまると叩くのをやめてしまい、伴奏が終われば再び叩きだす。Bくんも叩いて音の出るおもちゃが大好きで、最初は目がおもちゃに向けられているが、叩いているうちに目は逸れてしまう。朝から晩まで喋りっぱなしのCくんは、一見認知も育っているかのようにみえるが、簡単な形はめもできないし、目からの情報を

とりこむことも苦手である。Dくんもお喋りは大好きなのだが、手と目を使って活動を行う際に、声を出していると全く集中できない。Eくんは一から百まで明瞭に数を唱えることができるが、ほんとうは二つという概念も成立していない。軽い運動障害をもつFさんは知的レベルは正常域に近く、文章の理解度も高いのだが、図形や数量概念の学習には著しいつまずきを示す。

　幼児期や小学部段階で日常的によく出会う子どもをあげてみたが、どの例も、健常児の発達からは説明のつきにくい、個人内の発達のアンバランスが顕著にみられる。発達レベルという点では初期段階から境界線にある子どもまでかなりの差があるが、彼らに共通していることは、ことばや認識の発達の基礎となる手と目を使った事物操作の経験を通して、面や空間、順序や時間を学習していくプロセスで何らかのつまずきを示しているようである。AくんとBくんは初期の感覚と運動の繋がりが難しい子どもであり、運動を自発させると聴覚や視覚が使いにくくなってしまっている。CくんとDくん、Eくんはいわゆる聴覚優位タイプであり、聴覚音声系の処理とくらべて視覚運動系の処理が難しいと考えられる。手と目を通して高められていく視知覚系の認知がうまく育たないために、喋りだけが先行し不思議な様相を示している。Fさんは知的レベルが高いので視覚処理と聴覚処理のアンバランスはそれ程顕著にはあらわれていないが、算数が苦手だということは、豊富な感覚運動経験や事物操作から発達していくはずの視覚表象としての、量や図形概念の獲得のどこかにつまずきがあったということかもしれない。

　他にも認知の発達は比較的育っているのに、対人関係に著しい遅れを示す子どもや、認知も対人関係も比較的育っているのに、発語や運動面で著しい遅れがみられる子ども等、障害児とかかわっていればいつでも出会いそうな子どもたちばかりである。どの事例においても単に遅れを指摘するのではなく、「育ちの支援」としての発達臨床的理解様式、つまりは全体的な発達要因間の絡み合いや個人内差の発達理解の視点が、実践への橋渡しをしてくれそうである。

## 3 発達臨床的アセスメントとは何か

　発達につまずきを示す子どもの支援を考える際、その前提として子ども理解を深め、適切な発達臨床的アセスメントを行うことが望ましいとされている。しかし現実は、この支援の根幹をなす子どもの理解や発達臨床的アセスメントが曖昧なまま、実践が展開されていることも多い。仮にアセスメントの必要性が認められていても、それは単に知能検査や発達検査等の心理検査ツールを用いることを意味しているばあいも多いようにみうける。三十数年来の我々の臨床活動からみる限り、発達支援のための理解と方法が、心理検査の結果だけで可能になるとは、とうてい考えられなかった。仮に「検査結果から、遅れている、できない」という事実はわかるとしても、どのような臨床仮説をたてて具体的に支援可能かという問題と、即リンクできるわけではなかった。筆者らが頻繁に使っているWISCやITPA、K‐ABCといった個人内差の測定を重視した検査ツールであっても同様な問題意識を感じ、発達臨床支援上のツールとして十分に活用できたとまではいかないという印象をもった。支援の実際的方法を考えるための発達臨床的アセスメントとしてまず問われることは次の3点である。

① 認知以外の対人関係・社会性や情緒の不安・安定も含めた発達領域において、どのようなアンバランスがあり、そのプロセス上のつまずきが捉えられるか否か。
② 個人内の発達差を考慮したうえで臨床仮説と支援目標、方略をうまくたてられるか否か。
③ そのための活動や教具や係わり方の緻密な配慮と工夫ができるか否か。

　こうした多面的包括的な視点からの臨床アセスメントが問われることになる。発達臨床的アセスメントは大層難しい問題であると同時に、その視点の深

まりこそが、支援を左右させる最大の要因であるといっても過言ではないだろう。

## 4　できなさの意味が区別されにくい
　　―「わからないからできない、指示に応じられないからできない、表出上の問題でできない、みかけ上できるようにみえる」の意味の違い―

　発達臨床的アセスメントのひとつめの問題点は、障害児にとって「できない」という意味が十分に押さえられていないことである。できないことは、わからない、能力が劣っていることとされてしまう。知能・発達検査の結果においても同様な解釈を前提としている。知能指数や発達指数が低くでるとすれば、能力が劣っていてわからないのだと考えられている。しかし臨床場面でよくみると、「できないことイコールわからないこと」というわけではない。療育・保育の経験が少ない自閉症児によくみられるように、大人の指示に応じたり合わせたりすることが苦手であっても、一見できない状態像を呈する。検査結果も低い数値がでる。あるいは表出性の協調運動の障害や表出性の言語発達遅滞が強いために、わかっていても表出できないばあいもある。逆にわかっていなくてもみかけ上できているかのようにやってのける子どももいる（筆者のいう表出系優位入力遅滞型）。①「わからないからイコールできない」（図1-1）という問題と、②「指示に応じるのが苦手でできない」（図1-2）、③「わかっていても表出できない」（図1-3）、④「わからなくても一見できている」（図1-4）という問題とを、未整理のまま、「できる・できない、能力がない」と押さえてしまっているのではないか。その点を臨床的に丁寧に捉えない限り、発達評価としての真の子ども像を把握することは困難であろう。

　筆者らの施設で育った子どもたちは、1年以上の療育経過を経るといわゆる「指数」が上昇することが多かった（宇佐川, 1989b, 1989c, 1992, 1993b, 1994b）。それまで検査に応じることが苦手だったが、療育によってやわらかさを増し、

人に合わせられるようになったために、検査にも応じて指数の上昇もみられたと考えられる。だとするならばやわらかくなって指示に応じやすくなった後が、本当の意味での能力面の発達評価が可能になるともいえるのである。健常児の評価では問われることのないこうした問題にも、しっかりと目を向けたいものである。

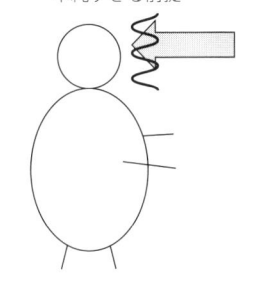

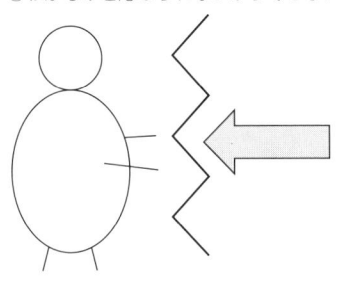

図1－1　できないからわからない
①できないからわからない　単純すぎる前提

図1－2　応じられないからできない
②わかるけど応じられないからできない

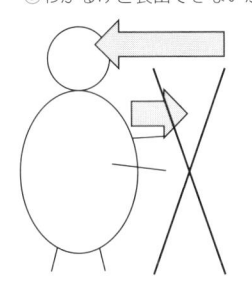

図1－3　表出できないからできない
③わかるけど表出できないからできない

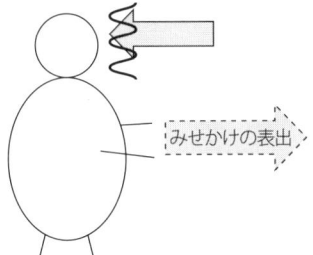

図1－4　みかけ上できてしまう
④わからないがみかけ上できてしまう
みせかけの表出

## 5　自由度の高い場面と構造的場面との「場面差」の違い

　発達初期にある子どもは、自由場面が苦手で、おちつかなかったりフラフラしているようにみえたり、自己刺激的行動が多かったりする。それに反して、場面を整理し発達に合わせて教具を用いると、ことのほか能動性が発露され外界に向かっている姿が観察されることもある（森本・宇佐川, 2004, 2005）。障害が重いといわれる発達初期の子どもたちにとっては「自由は不自由である」と言ってもさしつかえない。既存の検査課題にも応じにくいことも相まって、一層発達の様相がうまく捉えきれない。こうした発達初期にある子どもの「場面差」による行動面の違いは、複数の異なる場面に直接かかわっている臨床家にはよく了解できるところであるが、健常児の発達研究からはわかりにくい視点であろう。障害が重ければ重いほど（発達の初期にあればあるほど）、場面によって現れる姿が異なり場面差が著しく、発達が高次化されていくと（筆者のいうⅥ水準：象徴化水準に達すると）、両者の差は縮まっていく。したがって、障害の重い子どもや中度自閉症児の自由場面は、真の発達の理解がしにくいことを承知しておかなければならない。

## 6　実践的やりとりを通してわかろうとすること

　子ども理解の方法として、一般に以下の三つの様式が考えられる。まず最もポピュラーなものは心理検査を通して理解することであり、客観的資料として提出される。二番目は臨床的観察を通してわかることであり、主として大人が介入しないで、子どもの能動的な側面を捉える。第三の方法は参与的観察も含めて実践的なやりとりを通してわかることである。第三の方法はたくさんの情報が得られるにもかかわらず、実践そのものが複雑な構造をもつために資質や整理能力が問われ、十分に機能していないかもしれない。

　縦軸に支援と査定をとり、横軸に構造化と非構造化という枠組みをとって、

この三つの理解様式を整理すれば、おおよそ図1－5のように表示できるだろう。心理検査はもともと査定的で構造化されているが、実践的やりとりの方は支援的であるものの、課題学習のように構造化されたものからプレイセラピィのような非構造化場面まで考えられる。臨床的観察は、検査と同様査定的ではあるが、非構造化場面が多いという特徴を持っている。図1－5では、「実践的やりとりによる評価」を他の二つと比し大きく表示してあるが、筆者が重要視してきた方法だからである。

　以下実践的やりとりについて少し触れてみよう。この方法は、教材教具や活動を発達臨床的に押さえて、ステップを柔軟かつ微妙に上げ下げして評価していくことを中心に据えている。こうした実践的やりとりによる評価が、標準化された心理検査や実験調査よりも、子ども理解は進みやすく、支援の方略が考えやすい。むろんどの方法を用いてもメリットとデメリットがあり、ひとつのやり方のみでうまくいくわけではなかった。その中で実践的やりとりをアセスメントとして活用する仕方は資質や力量は問われるが、その反面、より発展可能性を秘めていたという結論である。「日常生活を含めたさまざまな実践場面を再構成しつつ、理解の視点を深めていく」という作業が最適な発達支援へと繋がりやすい。

　ここではその例として、「こんにちは」のあいさつ場面を通して考えてみよう。

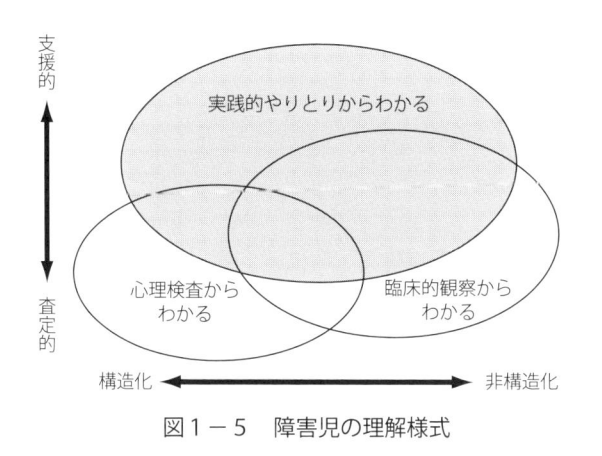

図1－5　障害児の理解様式

## （1）「こんにちは」のあいさつからみた発達臨床的アセスメント

> 働きかけⅠ：初対面の3歳の幼児に「こんにちは」と言いながらおじぎをする。

　子どもへの「こんにちは」という働きかけで読み取れそうな行動系には、以下のような内容があげられる。

① 姿勢・表情の変化：目と目を合わせながら声をかけることによって、子どもの姿勢や表情がどのように変化するのか観察する。
② おじぎをすることへの反応：大人がおじぎをすることで、どのような反応がみられるか。それによって人への意識や模倣能力について読み取ることができる。
③ 目を合わせること：視線があうかどうか、あるいは回避的なのか、見るという能力そのものに問題があるのかどうかも観察できる。
④ 「こんにちは」という発語への反応：音声模倣や発語があるかどうか、なくてもことばそのものを理解しているかどうか。

　以上のような視点をもつことによって、発達上のチェック、ⓐ動作・音声模倣能力がみられたかどうか、ⓑ人にまなざしを向け、対人意識がどの程度発達しているか、ⓒ認知やことばの理解の程度はどうか、ⓓおじぎの仕方、姿勢の保ち方を含めた姿勢・運動能力はどの程度発達しているか、等について読み取ることが可能であろう。さて実際の子どもの反応に即してもう少し検討を加えてみよう。

> 子どもの反応Ⅰ：目を合わせて「こんにちは」と言ってにこやかにおじぎをする。
>
> 【アセスメントⅠ】：対人意識も発語もみられ、コミュニケーションがとりやすい状態

発達臨床の専門家からみれば、3歳代という年齢からみて、反応Ⅰのように、目を合わせて「こんにちは」と言っておじぎをするとすれば、対人関係的な側面の基礎的な部分は育っていると判断する。おじぎをすることができるので簡単な動作模倣能力も育っている。「こんにちは」という発語からみてもコミュニケーションに少しはことばが使われそうである。発達の遅れが仮にあるとしても軽度の発達遅滞域もしくはそれ以上という見立てをもつ。

しかし反応がほとんどみられない、次のようなケースのばあいはどのように押さえていくのか、臨床アセスメントの資質が問われるところである。

> 子どもの反応Ⅰ'：働きかけへの反応がほとんどみられない場合

> 【アセスメントⅠ'】：コミュニケーションはとりにくそうな子ども。働きかけをやさしくして、別の反応を引き出す試みを考える。

とりあえずステップを下げた係わりとして、握手の方がおじぎより反応が出やすいので握手を試みる。

> 働きかけⅡ：再び「こんにちは」と言いながら、子どもに向かって握手しようとして手を差し出す。

> 子どもの反応Ⅱ：子どもから手を伸ばし握手をする。

> 【アセスメントⅡ】：声かけとおじぎでは応じられないが握手では人を意識できるらしい。

握手で応じるとすれば、パターン的儀式的やりとりかもしれないが、大人の方が積極的に係われば応じる可能性をもつ子どもであると判断される。

> 子どもの反応Ⅱ'：手を差し出しても表情や行動にほとんど変化がみられない。

反応Ⅱ'からは障害が重そうであると判断されがちであるが、早計過ぎる。以下のようなもう少し幅広い視点の中で捉えようとする努力が必要である。

（2）あいさつのやりとりを通して考えられる背景の仮説
1）表情が乏しくみえる背景に考えられる仮説
　① 認知が初期段階にあるために、外界への係わりが乏しい。
　② 自閉的で人を意識しにくいために、表情が乏しく感じられる。
　③ 顔面の表情筋が硬いという障害があるために乏しくみえる。
　④ 緊張している：慣れない場面や新しい人に対して必要以上に緊張する。
　⑤ 認知能力は比較的高く対人意識も育っているが、初めての人には恥ずかしがるという段階が続いている。
2）目が合わないようにみえる背景に考えられる仮説
　① 身体を動かすために目が逸れる：視覚運動協応が未発達のために、動きが入ると目が逸れ、目が合わないようにみえる。
　② 視知覚の発達につまずきがある：視知覚が未発達なために、よくみたりみわけたりすることが難しく、結果的に目が合わないようにみえる。
　③ 刺激に振られやすいために、視覚も転導し、目で定位させることが難しかったり、注視し続けられない。
　④ あまり人を意識していないので、まなざしを人に向けない。
　⑤ 目を合わせることはできても緊張していて目を逸らす。
　⑥ 拒否的な意味で意図的に目を合わせない。
　⑦ 恥ずかしいから目を逸らす。
　※①～③は発達初期の子どもに多くみられるものであり、視線の合う合わないが感覚運動能力や注視・みわける能力のレベルと関連する。④～⑦のばあいは、比較的発達している子どもに多く、主として視線は対人意識のもち方の判断材料となる。
3）おじぎをしない背景に考えられる仮説
　① 発達が初期にあるため、外界に意識が向けられにくい。
　② 自閉的で人を意識することが苦手なため、相手のおじぎに注意が向けられにくい。
　③ 人は意識しているが、ボディイメージや運動調節力が弱いために、身体

模倣の産出が苦手でおじぎができない。
- ④ 本来模倣は可能だが、緊張しているから意識しておじぎをしない。
- ⑤ 本来模倣は可能だが、恥ずかしいから意識しておじぎをしない。

4）おじぎはしてもあらぬ方向を向いてする背景に考えられる仮説
- ① 音声に随伴したパターン模倣で、あまり相手は意識されていない：最低ラインの模倣能力の芽生えはあると判断されるが、人への意識がみられてもあまり育っていないことが多い。自閉傾向を有する中度遅滞児によくみられる。
- ② 姿勢保持や運動の調節が難しいため、おじぎの方向がずれる。

5）おじぎはできなくても、握手ならできるという意味

握手は身体模倣より道具的模倣に近く、発達的にはやさしいと考えられる。したがっておじぎよりは、子どもに向き合う姿勢のきっかけをつくりやすい。握手もできないばあいは、これまでの理由に加えて、触覚過敏性が強いので握手を嫌がることも考えられる。

※この方法は、対人意識や認知、運動調節力の未発達な子どもに対する、有効な判断資料としてのステップとなる。

6）「こんにちは」の発語がみられない背景として考えられる仮説
- ① 発達初期でことばの理解も乏しく発語もみられないレベルにある。
- ② 名詞レベルの発語はみられるが伝達に用いようとしない。
- ③ ことばの理解は育っていて伝達しようとする意識もみられるが、表出としての発語が乏しい。
- ④ 視線も合いおじぎもするが「こんにちは」とは言えず語尾だけ発声できる。
- ⑤ 日頃発語はみられても、初対面で緊張しているので言えない。
- ⑥ 日頃発語はみられても、恥ずかしいから言わない。

※発語の有無だけではなく、その語用性も観察する必要がある。発語があれば、あそびの質や拡がりとの関連をみることも有効である。特に聴覚優位タイプのように喋っているわりにはコミュニケーションにつまずきのある子どもへのチェック指標となる。

初対面の「こんにちは」というあいさつ場面だけをきりとったとしても、丁寧に観察すればこうしたたくさんの背景や仮説を考えることが可能であり、子ども理解の貴重な資料となり得るだろう。日常生活場面であっても、明確な発達臨床的視点をもち参与的に係わるのであれば、発達臨床的アセスメントとして十分機能できるといえる。

# 第2章
## つまずきやすい行動とその発達的意味

　伝統的な障害学では、○○障害児というラベリングのもとで、その生理的心理的な事象、どちらかというとマイナスの特性を列挙していくことが一般的である。しかし支援をより幅広いものにするためには、つまずくという意味を発達的かつ肯定的に捉えなおすという作業も重要である。本章では理解の視点を拡げるという観点から、つまずきがみられやすい行動とその発達的意味を考えてみたい。

## 1　常識的子ども像が行動の意味理解を妨げることもある

　保育や教育における子どもの枠組みといえば、「元気で明るい子ども像」といったものが、すぐに想い浮かぶ。それは健常児が示す健康的かつ大人にとっての常識的な子ども像と押さえてよいだろう。これはまた養護学校を含めて、育てる目標にもしばしば掲げられている事項であるが、発達初期にある障害の重い子どものばあい、必ずしもあてはまるわけではない。本人にとっては能動的で精一杯の表現をしているにもかかわらず、我々が読み取れないのかもしれない。表情筋が固く笑っていなくとも、眼球移動が難しくて目が合わなくとも、明るい表情なのかもしれない。我々が日常当たり前に描いている子ども像が、逆に理解の妨げになることもあり得るのである。以下いくつかの事例をあげながら考えてみたい。

## 2　視線が合いにくいという意味

　発達のつまずきにおいて視線が合いにくい子どもは少なくなくない。実践記録の中で目と目が合うようになったという記述もよくみうけられる。しかしながら実際には、①中・重度の自閉症児のように、まなざしそのものがぼんやりしていてどこに目が向けられているのかわかりにくいばあい、②刺激に振られやすい多動児のように、目が始終動いていて視線が定まらないばあい、③運動の調節や姿勢の保持が不十分なために、動きがみられると目が逸れてしまうばあい、④聴覚優位の障害児のように、音や音楽が聴こえると目を使わなくなってしまうばあい等々、視知覚面のつまずきや、感覚と運動の協応上のつまずきが、目と目を合わせられにくくさせる。加えて⑤恥ずかしいから視線を回避したり、⑥知らない人への緊張や不安があるから視線を回避したり、⑦発達初期にあって対人意識や視覚弁別力が未発達なために、他者のまなざしを意識できないばあい等もあげられる。
　視線が合わないという意味も、発達的にはこのような多面性をもつのだが、一般には対人関係が希薄なためと単純に捉えられやすい。

## 3　無表情、笑顔がみられにくいという意味

　「笑顔をひきだす」ことも、実践家の大半が大切にしている事柄であろう。笑顔は「楽しそう」「生き生きしている」ということばと同義語と考えられているからかもしれない。しかし、「笑顔を引き出す＝最良の支援方法」という図式は、必ずしも妥当ではない。無表情、笑顔がみられにくいという臨床像が、楽しくないあるいは生き生きしていないとは限らないからである。表情筋そのものに障害があれば当然笑顔がつくりにくいことは想定できるし、発達初期の子どもであれば、音楽が聴こえ注意を向ける等の関心のある場面でも、一切の動きを止めて真剣な表情のことも少なくない。事物の操作時や考えている時に

は真剣な表情が生き生きしていると評価される。笑わないことでもすばらしい姿はたくさんあるし、最初は笑っていると思っていると途中から興奮状態になり泣き出したりすることもよくみうけられる。対人関係が育ちはじめた頃には、大人をからかって笑ってばかりいて何に対しても集中しないこともある。笑っていてもマイナスの要因のこともあるのである。笑顔も発達や状況との関連の中で慎重に読み取らなければならない問題である。

## 4　適正な情動域を保ちにくいという意味

　発達につまずきを示す子どものばあいは、情緒面でのコントロールの難しさという問題もある。薬や睡眠のコントロールが難しく、日常的にはぼんやりして非覚醒的とでも呼べる子どもも少なくない。あるいは非覚醒的な状態にある子どもが、音楽や運動的活動によって次第に覚醒されていき、一挙に適正な情動域をはみだし混乱したり興奮しすぎたりする子どももいる。ばあいによっては泣き出したりすることもある。つまり嬉しいことが過剰な情動興奮に繋がりやすいのである。したがって障害児教育でよく使われてきた「雰囲気をもりあげて係わればよい」と単純にわりきることはできない。情動を高めすぎて過剰興奮にならないような配慮や、ときには鎮静的な係わりをして適正な情動域にとどまれるようなアプローチも重要である。非覚醒的な状態から開かれた情動へ向かうアプローチとともに、情動が興奮しすぎない適正な情動域を保っていける配慮が必要とされる。発達初期にある子どもほど慎重な配慮が必要とされる。

## 5　感覚の過敏性が示す生活上のさまざまな障害

　感覚入力上のもうひとつの問題として、感覚の過敏性があげられる。主として味覚・嗅覚、触覚、聴覚等に過敏性がみられやすい。この問題も生活面においてさまざまな支障をきたしている。例えば味覚や嗅覚の過敏性は、乳幼児期

に極端な偏食を呈したり、食事に関する生活習慣が自立しにくかったりする。

触覚の過敏性では、抱いてもらうことを嫌ったり、腕を介助されることを嫌ったり、手をつないだり握手も嫌がる。これらの問題は人との係わりの発達に大きな支障をきたすことになり、人への嫌悪的・拒否的態度を強化したり、あるいは対人意識を希薄にしたりする。また手を使って事物と係わることも触覚過敏のために苦手となり、結果として目と手をうまく協応させることも育ちにくいし、認識発達の基礎となる事物操作や、点から線、線から面、面から空間へといった空間概念の発達にもつまずきをもちやすい。仮に認知が育っても、手先の不器用さといった問題は残りやすいし、身辺自立に関しても大きな問題が発生しやすい。触覚過敏のために着脱そのものが苦手なこと、顔や頭を洗うこと、歯を磨くこと等も嫌がる子どもも少なくない。

聴覚の過敏性では、金属音等の特定の音を嫌がったり、人ごみの騒音を嫌ったり、大きな音量を嫌ったりする。そのため集団活動にはいりにくいことがある。自己防衛的に耳を塞ぐこともよくみられる。保育園等でのダイナミックな活動や騒がしい場面では、園長室や静かな場面に避難してしまうこともある。

感覚過敏性のもうひとつの特徴は、情緒が不安定なときほど強くあらわれやすく、情緒が安定し認知が育つ、あるいは加齢とともに生活経験が拡大すると低減していくばあいがみられことである。

感覚の過敏性への対応はそれほど容易なことではないが、まずはどの感覚器官が過敏で、どのような状況のときに過敏な反応が起きやすいのかを把握し、それが生活面に及ぼす影響についてよく理解することからはじまる。しかし過敏性に基づくこうした生活上の困難も、一般には極端に嫌っているという評価しかなされないことが多い。実はその背景に感覚の過敏性があるということを理解できているか否かは、支援上大きな相違となる。無防備に強い刺激を出すのか、ごく弱い小さな感覚刺激から受容できるように配慮できるかどうかの違いである。

## 6　発達初期の感覚・知覚の使われ方の理解

　視覚や聴覚に生理学的な障害がない限り、目と耳は一緒に使われて（統合されて）、各種の情報処理を行っているというのが、発達からみた通常の認識であろう。しかしつまずきを示す子どもたちはそうとはいえない。むしろ視覚と聴覚を統合させてうまく処理することが難しいばあいが多い。以下発達初期における感覚・知覚の使われ方について考えてみよう。

(1) 目や耳を使って情報を処理することが苦手なこと
　初期発達の段階にいる「障害の重い」といわれる子どもにとっては、どの感覚器官が入力しやすいか、発達的に押さえておくことは重要である。発達初期においては、視力や聴力に著しい生理的な障害がみられないにもかかわらず、目や耳を使って外界と係わることがうまくいかないばあいが多い。そのため認知発達も初期的な段階にとどまりやすい。目や耳という感覚を使うかわりに、揺れや回旋刺激（前庭感覚）、手首等の関節刺激（固有感覚）、触れる・口に入れる等の触覚的な感覚は入力しやすく、よく使う。これらの感覚器官は、感覚と運動を繋ぐ基礎的な外界探索システムを育てるために重要な役割を果たしている。しかし一方で、身体を揺すったり回旋させたり手首を振ったり、事物を口に入れたり、砂や水等の感触遊びに固着する等の、循環的な常同行動あるいは自己刺激的行動の世界をつくりあげてしまいやすい。目や耳は、音、水、砂等特定の関心がある事象のみ意図的に使われる。自己刺激的行動における情動は一見集中して喜んで外に向かっているようにみえるが、実は外界を遮断しやすく内に向かう情動となりやすい点でも注意しなければならない。

(2) 自己刺激的行動と感覚の使われ方
　こうした自己の身体をなめたり、前後左右に揺すったり、回旋させて楽しむといった行動は、2～6ヵ月程度の乳児にもみられやすい特徴である。Piaget

(1948) はこれを第一次循環反応と呼び、自己の身体を玩具にして循環的な行動がみられる時期であるとした。にもかかわらず健常乳児は外界にも十分関心が向けられており、外界を遮断させやすく情動を内に向けやすい障害児とは少しばかり様相を異にする。障害児が示す自己刺激的行動の感覚の使われ方をみると、揺れや回旋刺激等の前庭感覚への刺激入力、手首を振ったりジャンプしたり、力を入れてふんばったり等の固有感覚への刺激入力、掌や口への刺激としての触覚刺激への入力が中心であり、視覚や聴覚があまり使われていないことが特徴である。逆に自ら視覚や聴覚へ刺激を入力させようとすると、自己刺激的な行動を止めることもある。例えば音や音楽に聴き入ったり、葉っぱの揺れ等の興味のある事物を目で捉えようとすると、動きが完全に止まり自己刺激的行動も一時的に止まるということがみられる。

---

【事例2－1】自己刺激的行動が止まる瞬間
　ほとんどの時間、身体を揺さぶり、手首を振ったり、あごを叩く等の自己刺激の世界にはいりこんでいる小学2年生のaさんが、部屋の隅にある水道の蛇口から水が流れ出す音を聴きつけると、自己刺激的行動をピタリと静止させる。おもむろに蛇口の方へふりむき、水の流れをジッとみつめる。

---

　この事例では自己刺激を静止させるということが、水の流れ出る音という外界に気づいたあらわれということになる。

(3) 目の志向性と耳の受動性
　次に障害児の視覚と聴覚の使われ方を比べてみると、最初のうちは耳からの刺激のほうが受容しやすく、音楽や音の出るものには関心を示すことが多い。反面、目からの刺激の受け容れは難しい。目を使うためには、まなざしを対象に向け注視し続けるという意志が働き、また嫌ならば目を逸らす、つぶるとい

うことも可能である。これに対して耳は受動的に刺激がはいりやすく、その入力を拒否することが難しいという特徴を持っているからである。目は志向的で情報を選択可能な器官であるのに対して、耳は受動的で受容しやすく拒否しにくいといえるだろう。初期段階の子どもにとって、視覚からの情報をとりこむことはそれだけ難しく、教具や係わり方の工夫が必要とされ、逆に聴覚からの入力に際しては、受け容れやすくても害にならないような慎重な音の環境が必要である。

（4）集中が苦手なことと他感覚刺激に振られやすいこと（被転導性の高さ）

　彼らはまた集中しないとか注意力が散漫であると記述されることも少なくない。その要因のひとつは、認知が初期段階にとどまっているために事物を操作する力や手段が高めにくいこと、結果として知的好奇心や興味関心が育ちにくくなり、集中力や注意力に問題が生じると考えられる。

　もうひとつの要因として、他の感覚刺激に振られやすいことがあげられる。とくに聴覚刺激や動くという運動刺激と連動して注意が転導し、次から次へと関心が向いてしまう。いわゆる多動と呼ばれる行動もこのことと関連している。刺激に振られにくくするためには、刺激量を少なくして環境を整理したり、大人の係わり方をわかりやすくシンプルにするといった配慮が必要とされる。

## 7　外界へ向かう姿勢や志向性がつくりにくいこと

　「動きを止めて姿勢を保つ」という行動は障害児にとって予想以上に難しいが、ある意味で外界に向かう姿勢はそこからはじまるといっても過言ではない。また運動機能のつまずきは、目と手を繋がりにくくさせ、協調運動も育ちにくい。これを単純に運動機能の障害として押さえるだけでは不十分である。つまり運動調節のしにくさは、外界に向かおうとする心理的な意味合いで、「調節された姿勢」もつくりにくいということに他ならないからである。したがって対物・対人的な認知の基礎を支える発達も、この「運動調節」が係わっ

ていることを承知しておかなければならない。よくいわれる「グニャグニャしている」とか低緊張の状態は、本来的に運動としての姿勢の問題であるが、同時にそれは外に向かおうとする心理的姿勢も形成しにくいことを意味している。

---

【事例２－２】姿勢が起き上がる意味
　小学３年生のｂくんは座位姿勢が難しく頭も定まりにくい。日常的に車椅子で顔を下に向け姿勢も崩していることが多いが、面白そうな音がすると、頭があがり姿勢も起きてくる。音源の方向を見ようとして姿勢が保持される。しばらくすると姿勢は崩れ、頭は下がってしまう。

---

　こうした情景を目撃することは決して珍しいことではなく、音を受容することで、外界に向かうという姿勢が生じたと考えてよいだろう。

---

【事例２－３】運動の調節がうまくなった例
　初期の段階にある３歳のｃくんは、動きがはやく瞬発的な運動が多い。おもちゃが目に入るや否やサッと手が出てくるが、調節的ではないので机の上はたちどころに混然とする。認知が育ち形の弁別や構成、事物操作がうまくなってきた５歳になると、よく観てからおもむろに手が出て、手の動きもゆっくりとしている。それだけ目と手の協応が発達し認知が育ったということである。並行して運動の調節力も育ち、姿勢の保持もうまくなってきた。それはとりもなおさず外界への姿勢や志向性も育ってきたことを意味する。

---

　６の（４）で述べた他の刺激に振られやすいという問題も、運動を調節しにくくし、情動を過剰に興奮させたり情動の調節を難しくさせやすい。その結果、人との係わりがラフになったり、日常生活や作業等においても集中しにくかっ

たりして、志向性や姿勢の崩れが生じることになる。

> 【事例2－4】情動の興奮
> 　重度の知的障害をもつ5歳のdくん、歩行は可能だが運動の調節は苦手である。人への親和性は高いのだが、運動の調節力が弱く、力いっぱい叩くような感じで人に触れ、ゲラゲラ笑っている。しばらくすると興奮しすぎて混乱しだす。手を使っておもちゃで遊んでいても、隣室の音が少しきこえただけで、手は止まり、「あーあー」と喜びの声をあげながら徐々に情動を興奮させていって、活動は台無しになってしまう。運動の調節が難しいことと、情動が調節しにくいこととが関連しあっており、外界へ向かう姿勢・志向性にも影響を与えることになる。

　一般に発達が高次化して表象機能が育ってくると、頭の中で自己の身体像もイメージ化され、その身体像を頭の中で調節しようとすることが容易になる。例えば「よいしょ」ということばと同時に身体を動かすことがあげられる。遊具や教具を使った動きであっても、自己の身体を頭の中で意識して、目と手を調節的に動かすプロセスが起きる。それをボディイメージと呼ぶことも多いが、結果として自己を意識するということにも繋がっていく。さらに身体模倣能力が発達するということは、自己の身体像を意識し調節し、同時に自己を他者の身体に重ね合わせていくことである。結果として自己と他者との関係を調節的に整理していくことに繋がる。こうした自己の身体や姿勢というものがイメージとしてつくられていく過程も、志向性や姿勢にプラスの影響を与えていると考えてよいだろう。

## 8　視覚・聴覚と運動が繋がりにくいこと

　このように子どもが外界へ志向的・積極的に向かうようになるということ

は、目を使いながら手や身体を調節して事物や他者と係わったり、耳を使って音・音楽にあわせて動きを表現したり、他者のことばを理解し調節的に行動し、ことばで自己の意思を伝えたりすることと関連している。その前提として、目や耳と運動とは仲良く一緒に使われていく、すなわち協応していくことが根底にある。ところが発達初期にいる子どもたちは、前述のように目や耳を一緒に使うことが苦手だったり、目や耳と運動の協応が苦手だったりすることも多い。例えばおもちゃに触ろうとして目を向け、手を伸ばしておもちゃをバンバンと打ちつけたりすると、たちどころに目は逸れてしまう。つまり手を使おうとすると目が離れてしまう。着脱で大人が子どもの手を介助しようものなら、目はあらぬ方を向いてしまう。「手元をしっかりみなさい」と注意する姿をよくみうけるが、子どもにとっては土台無理な話である。もともと手と目は仲良くないところからスタートするからである。手の動きによって、目を定位するための姿勢が保持されにくいとも考えられるし、手の動きで触覚や固有感覚を用いることが、視覚受容能力を低減させるという仮説も考えられる。

　同様に聴覚受容と運動の関係でも問題が発生する。それまで身体を揺すって自己刺激的行動を繰り返していた子どもが、音楽がきこえはじめると動きを一切止めて眼球もはじに寄せて聴いている。ひとりでガラガラを振って音出しあそびをしていた子どもに対して、音楽に合わせてもらおうとして曲を演奏し始めたとたん、ピタリとガラガラを振らなくなり動きが止まる。曲が終わると再び楽器を振ってあそんでいる。こうした聴覚刺激に対する反応も、発達初期にある障害の重い子どもと接するとさほど珍しい行動例ではない。要するに聴覚に合わせて（協応させて）運動を自発することは、初期の段階では難しく、もっぱら音楽を聴くに徹するか、叩く等の音出しに徹するかのどちらかになりやすい。視覚や聴覚と運動の繋がり（協応）が、発達初期の子どもには難しいという例を示したが、臨床上の大切な視点のひとつである。

## 9 手をうまく使えないことが、初期の認知の育ちを妨げること

「障害が重い」といわれる子どもたちにみられやすいもうひとつの特徴は、手を積極的・探索的に使うことが苦手なことである。手先の運動というと人差し指と親指とでつまめない等の手指操作能力の未発達が強調されがちだが、そのことよりも手を使おうとする経験が少ないために、事物操作が未熟で認知的な基盤を育ちにくくさせてしまうことの方が重要な問題である。

例えばスイッチ押しで音が出ることがわかっているというような、手の行為と結果の「因果関係の理解」が育つかどうか、「行為の終わり」をしっかり意識して、意図的に行動を起こし目的的な行動が拡げられるかどうか、バチを握って太鼓を叩くというような「行為の手段を繋げる」あそびができるかどうか、等々の問題は、事物操作の前提となり、初期の認知発達の基礎を構成する重要な課題である。つまり手を使おうとする経験が、事物への興味関心や知的好奇心を高めることに繋がっていくことになるのである。

もうひとつ留意しなければならない点は、手を使うための姿勢の保持である。立位をとるために手がうまく使えないとか、机等の肘の支持がないために調節的に手を使えないという問題も生じやすい。

【事例2－5】立ってベルを振る難しさ
　保育園の行事の練習で、音楽に合わせて立ってリングベルを振る役割を与えられたダウン症のeさんは、立ったままだとベルをもらっても、振ることができずしゃがみこんでしまう。先生たちは一生懸命eさんを立たせてベルを振らせようとするがうまくいかない。そこで彼女だけ特別に椅子に座らせるとうまくベルを振ることができた。

この例はリングベルに興味があるかないかという問題ではなくて、手を使って振るための姿勢の保持が立位では難しいということを理解する必要がある。

## 10　みわけたり、ききわける
　　　知覚の弁別能力が育ちにくいこと

　外界との交渉において、目や耳がうまく使えるようになっていく次の過程の問題として、細かいところをみわけたりききとったりするという、知覚の弁別能力の発達があげられる。

　例えばはめ板のばあい、丸は辺がないので識別しやすいが、三角形をみわけるためには3点を意識して図形を捉えなければならないので難しい。細かな図形を弁別するためには面や空間をより精密に把握しなければならないのである。そのためにも前述の手を積極的に使った触探索活動や、視覚運動協応を高めることが大切である。ことばをききわけ、理解するという能力も、視覚的に判別可能になった空間的な認識に付随させて、音声が統合されていくことで可能となる。また音楽に身体を合わせて動かすといった聴覚運動協応も、聴知覚的な発達を支えるものと考えられる。こうしたみわけたり、ききわけたりする能力が育ち統合して使えるようになることが、頭の中でイメージする力、表象能力の形成に繋がっていく。

## 11　聴覚優位と視覚優位な子どもの存在

　前述のように、目と耳を一緒に用いることが苦手、すなわち視覚と聴覚を統合して処理することに、つまずきを示す子どもも少なくない。そうした子どもたちを聴覚優位あるいは視覚優位と呼ぶ。

　よく喋るわりには、目と手の協応や基礎的認知がうまく育っていない子どもたちは聴覚優位タイプになるが、視覚優位タイプほど多くはないものの何割かは存在する。彼らは一見ことばを使っているようにみえるので、認知的にも高

いと誤解されやすく、無理難題を大人からおしつけられることも少なくない。視覚運動の処理能力が低くてうまくできないのに、意欲がないとか依存性が高いといった烙印（らくいん）もおされかねない。ほんとうは聴覚音声系の処理と比べると視覚運動系の処理が極端に苦手なために、大人が要求する課題遂行が難しいと理解するのが妥当である。

　これに対して視覚優位タイプは、ことばの理解や表出に著しく遅れがみられる反面、視覚運動能力が比較的優れているので、身辺処理や作業活動は上手なことが多い。したがって能力以上のことを要求されることは少ない。しかし認知発達のわりには、ことばを含めたコミュニケーション能力が弱い。このタイプの子どもにとっては、コミュニケーション手段として絵カードや身振りサイン、文字ことばといった視覚的手段を活用することが重要である。

　発達という観点からみると、どちらかの処理能力が極端に優位なばあいは、高次な概念形成が困難になりやすい。逆に視覚運動系の処理と聴覚音声系の処理がうまく統合される程、高次の認知処理も可能になりやすいといえるだろう。

## 12　つまずきやすい行動とその発達水準

　以上初期発達に障害を示す子どもたちの、発達のアンバランスな面について素描してみた。常識的な健常児の発達からの「遅れ」だけでは説明しにくい、さまざまな臨床的問題があるということを、まずはご理解いただきたい。第7章から第10章で述べられる筆者のⅠ水準（感覚入力水準）〜Ⅷ水準（概念化2水準）からなる感覚と運動の高次化発達水準と、これらの行動とを対比させたものが図2－1である。

　この図からもわかるように、ほとんどがⅣ水準（パターン知覚水準）までによくみられる行動であり、それだけ発達初期の段階は、健常児の発達に準拠した常識的な理解だけでは、支援へ繋げにくいということかもしれない。※印は感覚運動系の処理過程に何らかのつまずきを示すということであるが、Ⅴ水準（対応知覚水準）以降まで破線矢印が伸びており、感覚運動系の処理過程に関し

| 宇佐川の発達水準 | I | II | III | IV | V | VI | VII | VIII |
|---|---|---|---|---|---|---|---|---|
| 適正情動域が保ちにくい | ———— | ———— | ———— | ———— | --→ | | | |
| 手を使うのが苦手 | ———— | ———— | ———— | --→ | | | | |
| 目や耳を使うのが苦手 | ———— | ———— | ———— | --→ | | | | |
| 知覚弁別力が育ちにくい | ———— | ———— | ———— | ———— | --→ | | | |
| ※感覚と運動が繋がりにくい | ———— | ———— | ———— | ———— | --→ | | | |
| ※自己刺激的行動 | ———— | ———— | ———— | ———— | --→ | | | |
| ※感覚の過敏性 | | ———— | ———— | ———— | ———— | --→ | | |
| ※転導性が高い | ———— | ———— | ———— | ———— | ———— | ———— | --→ | |
| 姿勢の志向性がつくりにくい | ———— | ———— | ———— | ———— | ———— | ———— | --→ | |
| ※視覚聴覚の統合処理が苦手 | | | | | | ———— | --→ | |

実線：よくみられる　破線：ときどきみられる　※：感覚運動系処理の問題

図2−1　発達水準からみたつまずきやすい行動

てはより高次な発達水準まで問題が残りやすい。しかしもっと高い発達水準、例えばVI水準（象徴化水準）以降のように象徴機能やイメージが育っていけば、それぞれのつまずきの問題は減少していく方向にあるといってよいだろう。

# 第3章

# 発達臨床的視点とは何か

　子どもたちに最適な発達支援をするためには、どのような年齢あるいは発達段階にあるときに（発達水準と個人内差の把握）、何を（発達領域と目標の設定）、どのように（教材教具と係わり方の決定）、どのくらいの期間支援を続けるのか（評価とその終了時期の見通し）等について考える。そのためにはまず、現在の状態像を可能な限り多面的かつ精緻に捉えて、必要な心理教育的検査も活用しつつ、発達臨床的アセスメントをしていくことになる。ここではまず筆者の発達臨床的視点について若干の整理をしておこう。

## 1　発達臨床的視点 I
### ―行動を肯定的に捉えつつ発達的意味を探る―

　障害児が示す行動系には、物を口に入れる、投げる、自分勝手、パニック、こだわり等、どちらかといえば価値が認められない、あるいは否定的な評価が付与されることも多い。教科書的な障害児学をみても、劣等性の指摘等否定的な記述が強調されがちである。ところがこの劣っていると称される問題行動をVTRに収録し何回も見直してみると、空間的・状況的関連や時間的な文脈において、予想以上に背景的な意味を発達的に読み取ることが可能であった。一見価値がないと思われる些細な動きを、わかりにくいが小さなサインとして読み取ることが、初期段階にある障害の重い子どもの支援には大切であるということも、実践の中で確認されてきたことである。とくに声や音、触運動感覚的な刺激に対して、姿勢やまなざし、表情がどのように変化したのか、注意深く観察を続ける作業は、我々に多くのことを教えてくれた（池畑, 1999, 2003）。

【事例3－1】音の受容によって自己刺激が止まること
　いつも身体を揺らし首を振っているｆくんに、リングベルを持たせて、音楽に合わせようと試みる。リングベルは持ってくれるのだが、伴奏の音楽が鳴り始めると目を端に寄せ、自己刺激的な動きを一切止めて、まったく振ることはない。教師は無理に腕をとって振るが、自発的な動きはみられない。曲が終わって音楽が鳴り止むと、不思議なことにリングベルを鳴らしはじめる。じきに投げて、再び自己刺激的行動に入る。

　この事例においても、教師はｆくんが音楽に興味を示さないので、雰囲気を味あわせるために腕を介助して一緒に鳴らす。そうすればきっと参加するだろうという常識的な仮説がそこには存在する。しかし音楽がはじまると、自己刺激が多いのになぜか目を端に寄せ動きを止めてしまう、背景の音楽が鳴り止むとリングベルで音出しをしはじめる。なぜ音のない世界になると再び自己刺激的行動がはじまるのか。それらを読み解くことが、ほんとうは「係わりの鍵」になる。動きを止めるということは、音・音楽を真剣に受容しているということを意味しているのではないか。それは自己刺激が止まっているということからも、目を端に寄せているということからも確認されることである。一生懸命音楽を聴いているからこそ、リングベルを振らないということが起きてしまう。したがって音楽が聴こえてこなくなれば、一時リングベルを振って音出しをしたり、再び自己刺激的行動を起こそうとすると考えられる。発達の意味性という観点からは、リングベルを振らないのは、興味を示さない、参加していないということではなく、音を聴くことと音出しをすることが一緒にできない（聴覚と運動が協応しにくい）ために、あえて振らないのである。

　第２章で指摘したとおり、障害特有の負の行動と押さえられている内容が、逆に子ども理解の妨げになることもないわけではない。彼らの示す行動を、図３－１のように、もう少し発達的・空間的文脈・時系列の文脈のなかで捉えなおし、あるいは係わり合う過程として捉えなおす作業を繰り返すことによって、

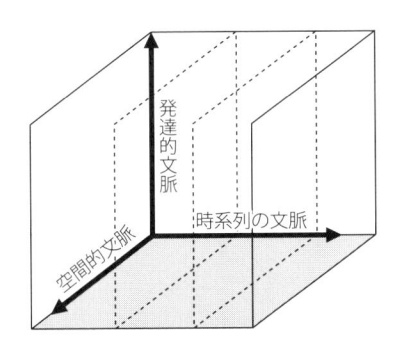

図3-1　発達的意味の探り方

以外なちょっとした行動やサインが、外界との関係の中で発達的に意味のある能動的行為、原則をもつ行為として了解されることがあるのである。

　①発達的文脈とは、発達のプロセスとか発達の段階といった文脈から理解しようとすることである。価値がないとみられがちな行為が、発達の一過程として出現していることを、改めて捉えなおす作業である。②空間的文脈という視点は、セラピストと子どもの位置やそのときの環境の整理のされ方といった、特に空間的・状況的な理解が中心となる。例えばどういう場所なのか、誰がどのような位置に存在するのか、どういう係わりをしてどういう教材・教具を用いるのかという点を明らかにする。③三つ目の時系列の文脈とは、ある状況の中で子どももセラピストも環境も、時々刻々相互的に変化しながら動いていく。そうした動きを時間的な流れを追って文脈的に理解するということである。こうした発達的文脈、空間的文脈、時系列の文脈といった三つの文脈で捉えていくことが、行為のもつ発達的意味を捉えることに繋がると考えるようになったのである。この作業は、単に障害特有な行動としてのみ押さえるだけではなく、行動を肯定的に位置づけ理解しようとする姿勢もうまれる。こうした視点と姿勢をもちつつ係わり合うことによって、より明確な意味が了解されてくることも少なくない。発達初期にいればいる程、この視点は重要視されなければならないと考える。

## 2 発達臨床的視点Ⅱ ─発達の水準を理解する─

　最適な発達支援とするためには、現在のおおよその発達過程と発達水準が捉えられることも、前提として重要である。しかしながら、一方で安直な発達水準の理解は、短絡的あるいは固定的に子どもを捉え、硬直化したプログラムに直結しかねない。立場によってその押さえは少し異なるかもしれないが、筆者のばあい最低ラインとして以下の4点を捉えておきたい。

（1）認知発達のおおまかなプロセス
　発達障害の中核は認知のつまずきにあることは周知の通りだが、「認知」というと、言語や文字・数概念の獲得等として押さえられやすい。しかしながら臨床という観点からは、もう少し初期段階、すなわちことばや模倣がでる前の初期の認知発達を捉える必要があるのではないかと考える。例えば、言語や文字・数概念形成の基礎となる表象機能の発達のためには、その基礎として次のような過程が考えられる。①触運動感覚を中心に人や物という外界を探索していく力が育つ。②やがて手と目を使って事物を操作しつつ自己の身体に気づき、その調節をしながら、より明確な世界である線や面、三次元空間を認識していく。③その過程で目と目が合い、指さしや音声模倣、身体模倣が表現されていく。④これら一連の過程が礎となって、徐々にあそびも拡がり、みたてあそびや簡単なことば等イメージの世界が拡げられていくことになる。⑤概念が高次化していくとともに、ことば、数、文字等の記号操作が可能になっていく。

（2）実践における過去から未来の発達過程をおおまかに予測できること
　これは過去から未来に至るまでの発達のプロセスの中で、現時点での状態像の理解が進められるということである。一見当たり前のことのようであるが、実際には実践家の力量が問われる問題である。人との係わりも物との係わりも、どのようなプロセスで現在に至り、また未来へ向かっていけるのか、おお

よその見通しのもとに臨床を展開できることが、信頼性と専門性のある実践ということになる。そのための最小限の発達プロセスの押さえが必要とされ、それによってつまずきの理解に対する洞察力も増す。例えば前述の①から⑤までの認知発達プロセスにおいても、⑤の文字や数概念が獲得されていても、②や③あるいは④のプロセスのいずれかを飛び越してしまって、結果としてうまく数や文字概念が生活に活かせない、アンバランスな発達像を呈する子どもも少なくないのである。臨床的な発達プロセスの理解は、発達のつまずきを捉え、さらに発達支援の方略に通じるといってよいだろう。

(3) 最適な発達課題をみつけだすこと

　実践において次に問われることは、子どもの発達に合わせた最適な目標設定やプログラムを組むための原則的方略を考えることである。子どもの発達像とは無関係に無理難題、あるいはやさし過ぎる目標設定が勝手に決定されれば、結果として課題がうまく進められない。例えば文字の指導というのなら、その文字概念獲得プロセスがどういう基礎的な認知発達段階をふまえて行われていくのかがおおよそ明らかにされ、対象児はどの段階に位置づけられ、どこからはじめればよいか、あるいは前の段階でつまずいている要因はないのかどうかといった検討が必要である。つまり発達臨床的なアセスメントが行われることによって、最適な発達課題がみつけられることになる。総論としては簡単なことのようにみえるが、実際には育てるための緻密な発達臨床的視点の構築が必要とされる。読みや書字のためのアセスメントとしては、視覚の定位と眼球移動能力、姿勢運動の発達や手先の使われ方、視覚運動協応の能力、空間の位置や順序把握能力、図形構成や文字の弁別能力、記号操作としての文字の概念化の能力、文字学習への興味や学習態度、さらにはそれらを実際に活用できる喜びといった情緒・社会性の側面等のさまざまな領域をふまえていなければならないのである。

（4）発達の横の拡がりを大切にする視点と臨床

　発達支援といえばやさしい課題から難しい課題へというタテの系の活動を想像しがちである。こうした単純上昇型のプログラムは、形の上では一見能力が獲得されたようにみえても、実は発達のつまずきを捉え質的な発達的転換をめざすという点において、問題が生じやすい。また生活力としての本質的な力になるという点でも、あるいは学習意欲の面でも問題をかかえてしまうことも多い。原則論としては今いる発達のヨコの系を拡げながら、発達のエネルギーを蓄え膨らましつつ、自己の中でなんらかの矛盾をかかえて考えながら乗り越えようとしていくこと、それが質的転換に繋がる。そのためには、いたれりつくせりの環境ではなく、本人の力で乗り越えが可能な程度の適度な内的な矛盾や危機をはらんだ、発達的環境が大切であると考える。

　しかし事は簡単ではない。ハウツー的な方法論に準拠しすぎると、みせかけの行動形成は可能であっても、本質的な転換をめざす支援になりにくい。今の発達水準を緻密に理解したうえで、ハウツー的な方法論に頼ることなく、可能な限り幅の広い活動や教材を発案し工夫し続けるという、我々の側の子どもに対する謙虚さと不断の努力、かつ創造的な姿勢をもたなければ難しい。ゆっくりした歩みのようにみえたとしても、結果的にはそれが一番着実で、より本質的な「育ちの保障」に繋がるのだというのが、我々のたくさんの臨床事例から確認されたことであり、臨床的な確信でもある。

　子どもが能動性を発露しつつ自己を実現し、自我が育っていく原点はここにあるのではないかと思う。まったく同様な観点からみれば、単純な繰り返し学習で「型」を覚えさせていくという伝統的な障害児支援の方法論に対しては、疑問を感じないわけではない。

（5）発達水準という視点の限界と配慮点

　したがって安直な発達水準の理解は、かえって発達支援の妨げになるという矛盾を、発達段階的視点はもつということになる。筆者の発達水準も同様に安直に利用しようとする人がいるために批判をうけるところでもある。

第3章　発達臨床的視点とは何か　35

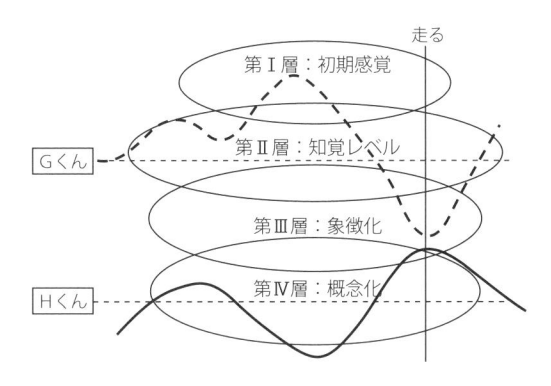

```
              走る
    ┌────第Ⅰ層：初期感覚
    │
Gくん ─── 第Ⅱ層：知覚レベル

        第Ⅲ層：象徴化

Hくん ─── 第Ⅳ層：概念化
```

図3－2　個人内の発達差の理解

　しかし、筆者は子ども理解の質をあくまでも問うているわけで、ハウツー的利用や簡便な発達理解の仕方に対する警鐘は一貫して強調してきたつもりである。発達水準の効用と限界をよく承知したうえで活用してもらいたいと強く願っている。

　再度発達水準のもつ意味について図3－2をもとに考えてみよう。この図は発達という枠の捉えと個人内差を表示したものであるが、発達的な系列の中で、行動上の質的な転換点として該当する部分が、それぞれの発達の層ということになる。筆者のいう第Ⅰ層から第Ⅳ層までを図式化してあるが、各層の中心部分は厚みがあり、上位あるいは下位の層とは重なりあい、周辺部分は薄く楕円形で示されている。各層自体も等間隔に位置するわけでもなく大きさも異なることが想定される。

## 3　発達臨床的視点Ⅲ
　　　―発達の個人内差と全体性を理解する―

（1）個人内差的な理解

　子どもの発達には、当然のことながら得意・不得意領域が存在するが、発達につまずきを示す子どもは、よりそれが顕著である。「育てる」という意味は、

得意な領域を活用しつつ、不得意な領域にもきめ細かい配慮をもった発達支援が行われるということである。それが個人内差の発達の理解ということになるが、先の発達水準の視点とともに重要である。

　個人内差の理解とは、本人の発達内でのばらつきを捉えて支援しようということである。図3－2に戻って説明を加える。この図では事例GくんとHくんの発達が曲線で表示されている。両者ともに比較的順調に発達している部分と苦手な部分とがあり、個人内差のばらつきとして表示されている。Gくんは平均が第Ⅱ層にあり、よくみれば得意なところは第Ⅲ層に、苦手なところは第Ⅰ層にある。同様にHくんは平均的にいえば第Ⅳ層にあるとみなしてよいが、得意なところは第Ⅳ層を越えており、逆に第Ⅲ層のところもある。発達水準というものはそのくらい幅の広いものであり、発達プロセスも例外はいくらでも存在するし、おおよその指標に過ぎないのである。万能観をもって発達水準を捉えると硬直化した理解となり危ないが、柔軟な視点のもとで使われるとすれば、おおよその発達過程の見通しの理解や、個人内差の理解が進み、発達支援の内容を考える際に有用な視点として活用できる。両者の走るという能力に着目すると、能力的にはHくんの方が高く早く走ることができる。しかし個人内差という視点からみると見方は逆転し、Gくんは走るのは得意であるし、Hくんは苦手であるということになる。他児との能力の比較ではなく個人内の発達差という捉えの重要性が、この図からも理解できると思う。支援上必要な情報は、どちらが速く走るかということではなく、本人の発達水準の中で得手か不得手かということなのである。

　問題は、個人内差をどのような評価法あるいは具体的に捉えられるのかということであろう。既存検査法に頼ろうとすると、いわゆる中度以下の発達障害児の個人内差理解は難しい。また運動・認知と社会性、情緒発達を個人内差的に比較できるような指標やツールはほとんどない。したがって個人内差を大切にした支援をという総論があっても、各論として評価の基準がないということも少なくない。この問題を克服しようとして開発してきたのが、第Ⅱ部で述べられる感覚と運動の高次化発達診断評価法ということになる。

## （2）発達をトータルに捉えて発達要因間の絡み合いを理解する

　発達支援を考える際、幅の広い視野のもとでトータルな支援の内容を考えていくことはすでに強調してきた。トータルな発達支援になり得て、はじめて自己実現のための発達支援ということができるだろう。しかし「トータル」ということばは響きの良いものであるにもかかわらず、具体性には乏しく曖昧なことも多い。総論としては関係性・情緒といった側面と姿勢・運動・認知という側面の両方を意識した支援であるということになるが、もう少し精緻化したいところである。

　またトータルな支援という意味は、羅列あるいは並列的にならべて、あれもこれもと支援することではない。各発達要因間の絡み合いについて理解を深めたうえで支援するということである。

　図3-3にそって説明を加えてみよう。まず前庭感覚や固有感覚といった揺れや関節等身体自身に感じる内受容感覚と、触れて感じるといった触覚を通して、初期の「身体・姿勢」の気づきが芽生える。こうした「身体・姿勢への気づき」はやがて目を使いながら粗大な運動や手先の運動を調節するようになる（視覚運動協応）。同様に耳を使いながら発声や動きを調節するようになる（聴覚運動協応）。そうした一連の行為がみわける（視知覚）・ききとる（聴知覚）と

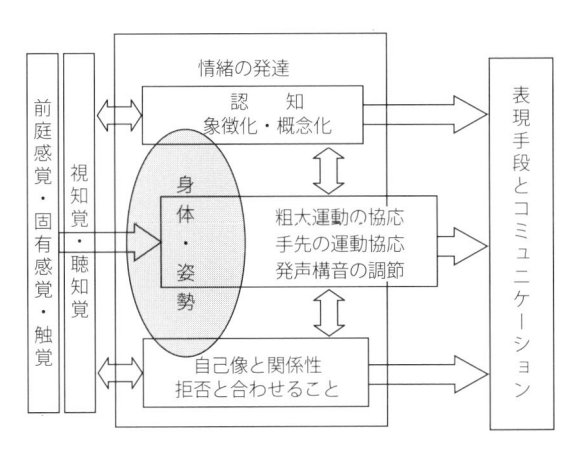

図3-3　発達要因間の絡み合いの臨床的理解

いった知覚系を育て、同時に認知や自己像（関係性）の高次化を支えていく。認知発達面では模倣やみたてあそび等の象徴機能が育ち、やがて概念が育っていく。自己像発達の面では、他者への拒否の仕方が育ち、並行して他者と折り合いをつけ、合わせる楽しさという調節的な仕方も育っていく。

　情緒発達に関しては、認知と自己像の発達を包みこむようにして、情緒そのものも育てられると考えている。通常の情緒臨床の視点は、良好な母親（養育者）-子ども関係によって信頼や安心感を獲得していくことが強調されている。しかし実際には障害が重ければ重いほど情緒が育ちにくい子どもも多い。良好な母子関係が成立しているとしても障害のつまずき故に情緒の育ちにつまずきをもつ子どもも少なくなかった。したがって我々の経験からみた情緒臨床は、母子関係よりも情緒の育ちを妨げる発達のつまずき要因、すなわち情緒の不安に着目する方が、アプローチ上有益な示唆を得やすいようであった。つまり感覚の過敏さによる不安、姿勢・運動の未調節による情動の混乱や興奮、認知的な予測が難しいための不安、からかいの誤学習による不安定、大人の伝達意図の理解が困難なための不安、自己の意思表現が困難なための不安、等々に視点を向ける方が、結果として情緒の育ちに貢献しやすかった。もちろん養育者-子どもの信頼関係の重要性を否定するわけではなく、養育者を責めることなく、相互的な関係が得られやすいような臨床的配慮も重要であった。

　そしてこれらの感覚運動、認知、自己像等のすべての要因がうまく育っていくときに、情緒も育ち、表出としての運動面の発達とともに、ことばを含めたコミュニケーション手段も育っていく。この図式からみれば、我々が対象としてきた子どもの大半が、表現手段とコミュニケーションのいずれにもつまずきがみられるのは至極当然のことであった。

　各発達要因間の絡み合いをみようとする視点が、支援のための仮説や目標設定、さらには支援方略を考えるためには必要不可欠である。しかしこうした発達の全体性を捉える視点は、相当厳しい臨床トレーニングと高度な資質が要求されるのもまた事実である。

（3）臨床方略に直接かかわる視点と領域

　もう一歩論を進めるとするならば、臨床方略とこの発達の視点とを直接的に繋げることは可能かどうかということである。つまずきを示す子どもたちのおおよその育ちの筋道を明らかにしつつ、それを支える具体的な臨床の方略を考えていくことができるかどうか。長い間の臨床経験から照らし合わせても、それほど容易なことではない。

　筆者のばあいは、まずは支援のための具体的な発達領域を押さえることからはじめる。感覚と運動の高次化の視点からは、以下の五つの発達領域をあげている。

1）認知（知恵）の発達

　発達障害の中核は、認知発達障害にあることは周知の認めるところであるが、そのわりに認知発達臨床という視点が希薄なことは再三指摘してきた（宇佐川, 1998）。いわゆる障害が重い、発達的にいいかえると表象機能が未獲得な子どもに対して、基礎的な認知発達の様相の捉えとその支援のあり方の検証がいささか不十分である。広義の意味での初期的な感覚運動の発達過程を、臨床的に押さえていく作業が十分ではない。前言語期の指さし・模倣・象徴あそび（みたてあそび）といった発達と関連づけながら高次の言語操作能力へ向かう発達過程についても、もう少しつまずきを緻密に押さえて、臨床支援に貢献する視点を構築しなければならないと考える。

2）関係性（自己像）の発達

　関係性を育てることは、伝統的に重要視されてきた事柄であるが、いざその発達過程はと問うと、ラポートをとるとか良好な母子関係を育てるといった常識的な見方に限られてしまいがちである。とくにつまずきを示す発達初期にある子どもが、大人の働きかけにどのように向き合って応じられるようになっていくのかという問題、大人と合わせていく楽しさはどのように形成されていくのかという問題、拒否の発達過程と自己の調節過程の問題、難しいとされる三項関係の成立過程、イメージを共有した相互的なやりとり、他児との協同的活動の成立過程等々、臨床上押さえなければならない観点も多い。同時にこうし

た関係性の発展は自己像の育ちとも係わりあう。自己と外界との繋がりの発展を通して、他者理解や他者への配慮性も育まれていく。

３）情緒の発達

　障害児にとって情緒発達臨床の視点も大切である。強い拒否やパニックを中心とする情緒不安や、興奮状態による情動混乱といったマイナスの要因を呈する子どもも少なくないからである。筆者の立場からは、感覚の過敏性を少しでもやわらげていくこと、他者と合わせることの面白さの獲得、認知的に予測力を高めること、コミュニケーション手段を高めること等によって、情緒の安定をもたらすという視点を考えてきた。

　もうひとつの視点として、発達初期において情動が興奮しすぎ混乱しやすい子どもに対して、人的にも物的にも環境を整理し、情動の鎮静的係わりや情動の調節をめざした働きかけを強調している。

４）姿勢・運動（手先・粗大・発声構音）系の発達

　姿勢・運動系の発達も、障害児の支援には欠かせない視点である。まず、外界へ積極的に向かうという意味での志向性としての「姿勢」が重要である。次に、移動することや手を使うこと、あるいは発声すること等が、認知や自己像の基礎を育て、情緒の育ちにとっても重要な問題としてかかわってくる。理学療法、作業療法、言語療法の領域ともかかわりあう問題である。

５）コミュニケーション手段の発達

　発達につまずきを示す子どもにとって言語的なコミュニケーションが大変難しいことは周知の通りである。発語が頻繁にみられたとしても、それをもってことばで容易にやりとりができるということではない。仮に喋っていたとしても伝達機能としてことばが用いられるとは限らないのである。ことば以外のコミュニケーション手段を、どのように併用して使っていくのかという視点は、臨床上必須条項であろう。そもそもコミュニケーションという問題は、大人の側からの伝達意図の伝わり方と、子どもの側の意思表現の伝え方といった、双方向の視点として捉えなければならない。大人の側は付き合い方、係わり方、伝え方といった問題が検討されなければならないし、子どもの側は意思を伝えるた

めの応じたり合わせたりする力や、伝達手段の理解や表出の基礎となる運動・認知の発達を支えることが必要とされる。両者に共通する問題として、どういう手段を用いるかがある。例えば発達にあわせて、第Ⅰ層ならば具体物、第Ⅱ層ならばきりぬき絵カード・絵や写真カード、第Ⅲ層ならば身振りサイン、第Ⅳ層ならば文字ことば等用いていくことが、発達的な検討課題とされるであろう。

## 4　発達支援の基礎にあるもの
　　　―外界志向性と自己調節性の重要性―

### （1）発達支援の基礎

　子どもの発達支援として何が重要かと問えば、前述の通り、運動や認知、対人関係や情緒、あるいはコミュニケーション能力等をバランスよく育てるということになるだろう。しかし実際には論ずるほど簡単ではなく、ともすると羅列に過ぎない目標設定になることもある。発達支援の根底に流れる療育観、発達観、人間観といった、もう少し基礎的な枠組みを考えることの方が重要かもしれない。筆者の場合は、図3－4のように「外界への志向性」という視点と「自己の調節性」という視点を強調してきた（宇佐川, 2002）。

### （2）外界志向性と自己調節性

　子どもが育っていくためには、外界に強い関心を向け目的的にかつ積極的に係わっていく力が必要である。いわゆる能動性の発露あるいは主体性を育てるといわれていることと同義かもしれない。それを筆者は外界志向性と呼んだ。ところでこの外界への志向性、つまり目的的かつ積極的に向かうということは、好き勝手に行えばできるというわけではない。一方では外界をよく知り（把握でき）、外界と折り合いをつけるために自分を調節していく力も要求される。これを筆者は自己調節性と呼んだ。つまり外界志向性と自己調節性は表裏一体で、両者がうまく統一性を保って育つことが、人や物に係わる力を育むことになる。

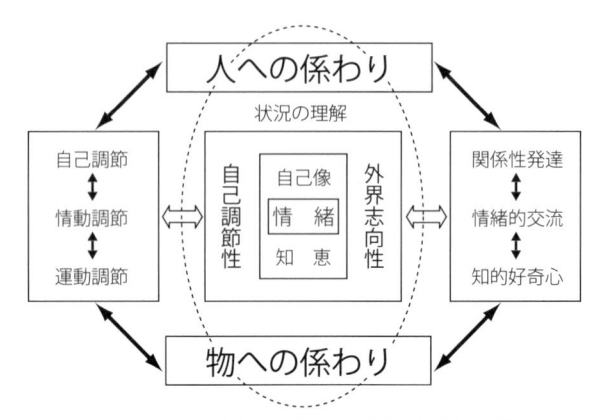

図３－４　外界志向性と自己調節性の発達

　図３－４では外界志向性と自己調節性を支え高めていくための基礎として、感覚と運動の高次化理論の土台でもある自己像と知恵（認知）と情緒の発達が、中核部に位置づけられている。
　図の右側には、外界志向性を支える要因、すなわち自己像発達によって関係性が育ち、認知の育ちによって知的好奇心が育ち、情緒が育つことで情緒的交流が増すことを示している。
　左側には、自己調節性を支える要因として、まず運動の調節があり、ついで情動の調節、さらには自己の調節というプロセスが記されている。例えば手と目の協応のように教材・教具やアクティビティを通して運動調節をはかりつつ、それが不安や興奮しやすい情動系の調節に繋がり、さらに自己の調節に繋がっていくと考えているのである。人間の行動調節機構として、運動調節→情動調節→自己調節といった繋がりも重要であるというのが臨床的に得られた知見である。
　このように各領域を細かく押さえつつ各領域間の絡み合いや個人内差を意識して、臨床方略を考えていこうとするのが我々の立場である。外界の状況を理解するという意味は、破線楕円上に示したように、全体を理解するということに他ならない。

# 第4章
# 発達臨床的アセスメントと支援のプロセス
―臨床仮説と臨床方略を立てる道筋―

## 1　子どもの発達支援のためのプロセス

　子どもの発達支援のプロセスとして、図4－1に示すように六つの流れが考えられる。

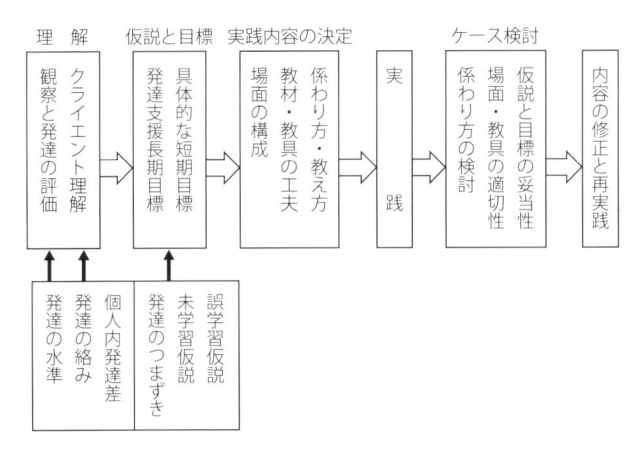

図4－1　発達支援のためのプロセス

① 子どもの理解を深める
② 仮説をたて目標を設定する
③ 実践内容の決定
④ 実践
⑤ ケース検討
⑥ 内容の修正と再実践

以下この流れに沿って、事例上の支援のプロセスについて考えてみよう。

## 2　子どもの理解を深める

　実践に際し子どもの理解を深めることが、最も重要であり、第3章まで一貫して主張してきたことである。子ども理解の第一原則は、日常の生活場面や臨床場面において観察を徹底的に行うことからはじまる。意図的に設定されている課題場面と自由場面の両方をVTRで丁寧に観察し、その違いや共通性について発達的な意味理解を深めるように努力する。回を重ねたVTRによる事例検討は、状況や本人の発達についての理解がいっそう深められることになる。むろん有能なスーパーヴァイザーもしくはコンサルタントがいる方がわかりやすい。ここでは第3章で述べられた発達臨床的視点について再度ふれつつ、事例を通してアセスメントと支援の実際を考えてみよう。

(1) 発達の意味性からみた臨床的観察と臨床発達評価

　発達初期にある障害の重い子どもたちは、指さし、模倣、みたてあそび等がみられないのはもちろんのこと、物を口に入れる、物投げ、常同行動、自傷行為、パニック等さまざまな問題行動ももっているといわれている。しかしこうした問題行動は、健常乳幼児にも短期間ではあるにせよみられることが多く、必ずしも障害児特有の行動というわけではない。発達初期にある「障害の重い」子どもたちと4年以上介入的に（そこが健常乳幼児と決定的に異なる点）係わってみると、こうした障害児特有といわれている問題行動のいくつかは、全くみられない状態からやがて出現しさらに増加拡大し、ある発達的条件が成就することによって消失していくという事例をたくさんもった。例えば口で確かめる行動は、目で手の運動を調節できるようになり、目を使いみわける力が育つとともに消失するばあいが多く、まさに発達の一過程として捉えることができる。一見無価値と思われるような行動について、発達的な軌跡を丁寧に意味づけていく作業が大切であった。

障害児の示すこうした行動の発達的意味づけをしようとするこころみは、ある意味で健常児中心に展開される発達心理学に対する本質的な問題提起になるものと思われる。

---

**【事例４－１】常同行動が多い５歳児の保育場面の初期評価と観察方略**

　重度の発達遅滞をもつ５歳のＰ男くんは、いつも身体を左右前後に動かしたり、手首を振ったりという自己刺激的常同行動がみられる。発語はなく、ことばの理解もどの程度あるかは確認しにくい。お遊戯等の身体模倣もみられない。おもちゃへの係わりも弱く、音の出るものに少し触れる程度であるが、保育士が働きかけると一瞬応じてくれる。事物への手の操作は、触れる・叩く・ひっかくといった初期の段階にある。着脱と排尿はすべて介助を必要とする。偏食はない。食事の様子はスプーンに食べ物をのせて皿におくと、スプーンを握ってなんとか口まで運び、かき込むように食べる。口に食べ物を入れ終わると、おもむろにスプーンを手から放しテーブルに落として行為の終わりがつくれる。

　Ｐ男くんが多く示している常同行動について考えるために、どういう時にそれが起きやすいか、さまざまな場面をVTRにとって観察することとした。ひとつは自由あそびの時間帯のＰ男くんの姿。構造化された場面としては、大好きな給食の時間と、喜んでいる表情が多くみられる音楽の時間、あまり好きでない紙芝居の時間、この４場面のVTRを何度かとってみた。

---

**【事例４－２】４場面の臨床的観察の結果**

　４場面の臨床的観察を検討した結果、次のことが理解できた。常同行動が頻繁にみられたのは自由場面であった。ほとんどの時間なんらかの形で自己刺激をいれていた。ときおり物音が聴こえると、自己刺激を止めて耳

を傾けることがあった。次に多かったのは紙芝居の時間であった。最初の2〜3分は保育士に抱かれて先生の声や紙芝居をきいたりみたりしているが、じきに自己刺激的行動が始まり、10分もすればその場面から離れていってしまう。給食の時間は、比較的自己刺激的行動は少ない。配膳が終了するまでの待っている時間は身体を揺すっているが、食べはじめれば自己刺激的行動は全くみられない。食事の終わりの頃には時折身体を揺すり自己刺激的行動がみられる。音楽の時間も自己刺激行動は少ない。ただし音楽が途切れている合間には、時折自己刺激行動がみられる。音楽の受容の仕方は、最初のうちはジッと聴き入って動きを止めていることが多いのだが、音楽に慣れてくると音楽に合わせて身体を揺することもみられる。身体を揺するという点では似ているが、いつもの自己刺激的常同行動とは少し違う様子である。

以上の臨床的観察から、Ｐ男くんのばあいは、大好きな給食や音楽の場面では、自己刺激的な常同行動は少なく、逆に好きなことがみつからない自由場面や、活動の意味が理解しにくい紙芝居の時に、常同行動が多いといえる。また音・音楽といった聴覚の刺激が入力されると、常同行動が止まることもわかった。要するにＰ男くんのばあいは、外界に向かおうとしているときには常同行動は少なく、やることがなかったり意味が理解しにくい活動のばあい、常同行動が多いということになる。こうした丁寧な臨床観察によって、行動のもつ意味を発達的に整理することが、まずは必要とされる。

（２）発達水準からみた臨床評価

おおよその行動の意味理解が可能になったあとで、発達水準からみた臨床評価を行うことになる。なんらかの発達・知能検査が活用できそうであればそれも利用する。ただし第１章でふれた通り、検査ツールによる評価は、単にできないという能力を評価しているのではなく、応じられなくてできないこともあ

るし、わかっていても表出系につまずきがあればできないし、みかけ上できるようにみえてもわかっていないこともあるといった、行動の背景からその意味を理解しておく必要がある。P男くんのような中・重度の発達域にいると思われる子どもは、検査ツールからの評価は難しいかもしれない。むしろ筆者が開発した第Ⅱ部のチェックリストのような発達指標を頭の隅におきながら、おおよその発達の水準を押さえていく方が適切である。

　ところで発達の水準を大切にするという視点は、できないことをできるようにし、できることを増やすといった行動の量の拡大をめざしているだけではない。子どもの発達の水準（段階もしくは構造）にあわせて、そのつまずきの意味を捉えつつ、いまいる水準を横に拡げられるよう実践の内容を工夫するために、それはある。結果的にそれがタテの系つまり質的な発達の転換をめざしていくことにも貢献するかもしれない。

　もともと発達は、直線的連続的に上昇していくというわけではなく、構造的・螺旋的な上昇過程と捉えられることも多い。構造的・螺旋的とは、発達にはタテの系とヨコの系に伸びる時期があり、両者がヨコ→タテ→ヨコ→タテという具合に、螺旋状に絡み合いながら推移し、発達のヨコの系のエネルギーが蓄積され、適度な危機や内的矛盾をはらんだふくらみをもった時に爆発し、発達のタテの系すなわち構造的質的転換がなされ、発達段階の構造が変換するものと考えられている。この見方は発達臨床の実践の中では納得できることも多い。障害をもつ子どもの変容が少しずつ変わるということだけではなく、つまずきのもつ発達的意味をうまく捉えながら係わりあえると、ある日突然劇的な変化、つまり質的転換をもたらす経験も多くもった。

　したがって発達を支援するとは、上へ上へとひっぱりあげることとは限らない。今いる発達段階をヨコにふくらます、すなわちヨコの系を大切にしたアプローチも、結果的には質的な転換をもたらすために重要なものである。しかしヨコの系を拡げふくらませて質的転換をもたらすためには、子どもにとって強すぎず圧力がかかり過ぎない、丁度よい適度な危機や葛藤、矛盾が必要とされる。適度な危機や葛藤がなさ過ぎる状況も、発達的にみて良いとは考えにくい。

P男くんの発達水準はどのように理解されるのか。これまでの臨床的観察結果からみれば、発語がなく、身体模倣もみられないこと、事物や人へ向かうという力は芽生えているもののまだ弱いこと、スプーンを使うことは成立しているが、着脱や排泄の身辺処理は自立できていないこと、自己刺激が多いこと、等の情報から、初期の発達段階にいるものと判断される。第7～10章で述べられる筆者の感覚と運動の高次化発達段階でいえば、第Ⅰ層のⅡ水準（感覚運動水準）からⅢ水準（知覚運動水準）にはいりかけた子どもである。支援方略のこころづもりとしては、感覚運動水準を拡げつつ、知覚運動水準に向かって活動を進めていくことになる。

（3）発達の全体性と個人内の発達差をふまえた臨床評価
　発達の全体性というと、子どもの認知、微細運動、粗大運動、言語、身辺生活、情緒、社会性等、ありとあらゆる視点を網羅し、できる限り詳細に記述することに力が注がれる場合がある。しかし重要なことは、その記録から子どもについて何が読み取れるかである。いかに膨大な記録であっても羅列は羅列に過ぎない。発達の全体性のキーワードとして「さまざまな発達要因間の絡み合いを捉える視点」をあげることができる。とくに認知能力が育ったことと、対人関係（筆者のばあいは自己像）の育ちとの関連の理解に努める。さらに認知や自己像の発達と繋げながら、情緒不安定の起こり方あるいは情緒が安定しやすい状況について仔細に理解できるようこころがける。認知や自己像、情緒の発達が、どのように絡み合って育っていくのかといった視点が、人としての全体性を理解する糸口になるのではないかと考えられる。
　筆者らの臨床例からは、発達の全体性を考えるための多くの示唆が得られた。例えば、事物の操作を通して手を使うことが多くなると、目も使われやすくなること。目の使い方がうまくなりみわける力が育ち、目で運動をコントロールできるようになると、自己の行動調節系も発達し、初期的な対人関係の拡がりもみられること。象徴機能が豊かになってくると、相手の存在の理解やイメージを共有しやすくなり、結果的に相互的なやりとりが発展する例が多いこと。

また認知が一層育って概念が豊かになるとともに、自己概念も育ち、あそびもルール化し、子ども同士の協同的な活動が可能になる場合が多いこと、等々である。

このように自己像が育ち対人関係が発展することと、認知を含むさまざまな能力が育つこととは、相互的に補完し合い発達していく。こうした発達の全体性という観点は、発達臨床実践における子どもを捉える眼として、欠くことのできない視点である。

---

**【事例４－３】発達要因の絡み合いを捉える臨床評価**

　Ｐ男くんの日常生活では目を使った情報入力が苦手である。自己刺激を強くいれていることが多いことも手伝って、いつもはどこをみているのか第三者にはわかりにくい。あそびは砂や水を使った触覚あそびや、トランポリン等の揺れあそびは喜ぶものの、それ以外の物と係わる力は弱い。わずかに打楽器類を素手で叩いて音を出すとか、キーボードの音出しを楽しんだり、クルクルチャイムに玉を入れたりする程度である。身体模倣や音声の模倣はまだみられず、集団で行なわれる遊戯等も曲をジッと聴いてはいるものの、他者の模倣をしようとすることはない。手に触る数少ない事物として音の出るおもちゃがある。気が向くと保育者に合わせて叩いたり振ったりする等、事物操作模倣の芽生えがみられる。歩くことや階段の昇降は可能で、認知の発達と比べると運動面はやや発達している。情緒不安定なときは、眠いときや暑いとき、体調が悪いとき等生理的に不快な場面であるが、それほど強いものではない。拒否もあまり強くはなく、だいたいは応じられる。どちらかといえば覚醒されていないぼんやりした状態のときが多い。コミュニケーションの手段は、手をひっぱるか泣き叫ぶのどちらかであるが、要求そのものは弱い。大人からのことばの指示もわかっている様子は確認しにくい。

この臨床的観察の評価からみても、Ｐ男くんは発達初期の段階にあり、まだ目や耳を使うことは苦手で、初期感覚中心の世界にいる子どもである。ただし粗大運動や手先を使うという点では、認知や対人関係の発達と比べればやや育っている。強い拒否や要求はまだみられていないが認知が初期の段階にあるからで、これから拡大していくのではないかと考えられる。情緒がさほど不安定でないのは、感覚の過敏性が顕著に認められないことと、発達的に強い要求拒否がまだ育っていないこと、どちらかといえば非覚醒的な状態も多いこと、等の要因が考えられる。コミュニケーションのための具体的な手段がほとんど獲得されていないということは、今後のＰ男くんの行動調整や自己像の発達に大きな課題となっていくだろう。

## 3　臨床的見立てと臨床仮説の検討

　発達・知能検査と臨床的観察によって、子どもの行動の特徴や意味がある程度理解できたら、その資料をもとにして実践上の臨床的な指針・仮説を立てることになる。一般の事例研究ではなんとなく成長変化したという報告も少なくないが、それではその後の実践をどう発展させるかが読み取りにくい。どういう臨床仮説や指針のもとで、どのような療育活動を展開するときに、子どもの成長がみられたのかという「一連の臨床過程」が明らかにされなければならない。

（1）三つの臨床仮説から考えられること
　実践は個々の子どもに対する臨床仮説を持って展開されるべきであり、多様な臨床アセスメントの資料から、個々の子どもがもつ発達課題や問題点について、臨床仮説を立てることになる。
　臨床的な仮説とは、「何故そうした行動がみられるのか」「その上でどう係わったらよいのか」という点について考えてみることにある。多くは以下の三つの仮説のいずれかに該当する。もちろん単一とは限らず重複するばあいもありうる。

1）発達過程における「発達のつまずき」という仮説

　発達過程における「発達のつまずき」として、臨床仮説を立てる。障害児の発達臨床ではもっとも重要な仮説であり、本書の中核的内容を構成するものである。しかし実際には発達臨床的な専門性が必要とされるために、十分に機能していないところでもある。うまく仮説がたてられるようになるためには、相当長期的な臨床トレーニングを要する。というのは、つまずきに対する多面的な角度からのプロセスの把握と、発達的な見通しをもった上で、適切な仮説がたてられ、それに対応した教具や活動の工夫や係わり方の配慮が行われなければならないからである。

2）「未経験・未学習」という仮説

　これまでに適切な療育や教育環境が与えられなかったために未経験・未学習になっているばあいの仮説。この仮説では学習経験を増やすという方法がとられる。入園や入学当初に起きやすい事柄であり、比較的容易に考えられる仮説である。

3）「誤学習」という仮説

　環境や大人の係わり方が不適切なために誤って学習された行動にたいする仮説。この仮説からは、誤学習を消去するために、環境の改善や大人側の係わり方を変える工夫をする。しばしばこの仮説は、誤学習の原因を親側の責任に転嫁するばあいがある。親を責める理由づけに用いられやすい点には注意を要する。むしろ実践者の側の問題として、「誤学習」を誠実に考えることが大切である。

　現場での仮説の多くは2）の未経験という問題や3）の家族の係わりのまずさによる誤学習という見方が多い。ただ1）の発達のつまずきを丁寧に捉えたり、3）の専門家自身の係わりの不適切さ、あるいは学校や療育・保育環境の不適切さの要因を分析するという臨床仮説が、貧弱過ぎるという印象をもつ。もっと後者に基づく仮説の立て方を、大切にしたいところである。

　Ｐ男くんのばあいは、Ⅱ水準（感覚運動水準）〜Ⅲ水準（知覚運動水準）にいる子ども（第7章参照）であるということから考えても、1）の発達のつまずき

としての臨床仮説が中心になり、療育を開始して3ヵ月しかたっていないという点では、2)の未経験・未学習の要因も考えてよいだろう。

(2) 個人内発達差の把握による臨床仮説

　上記の三つの臨床仮説のうち、1)の発達のつまずきを捉えようとするときは、個人内の発達差という観点からも考えてみる必要がある。発達過程のつまずきは、もちろん苦手な部分だけにせまるということではなく、得意な部分を活用しながら、苦手なところも育てていく視点が大切である。育とうとする意欲あるいは動機づけを配慮したアプローチにしないと、うまく機能しないのは当然である。本人の発達レベルからみて得意な部分、苦手な部分の両方を意識し、バランスのある臨床仮説にできるかどうかが鍵となる。

【事例4-4】臨床仮説を考える
　P男くんのばあいは、運動系の発達と比べると、目と手の協応やみわけること、対人関係の発達にはつまずきが大きい。逆に音・音楽は受容しやすく自己刺激的行動も少ないという事実は、臨床仮説を立てるうえで大切な指標となる。実践仮説のひとつとして考えられるのは、大好きな音楽を利用して、打楽器や振る楽器等を用いた音楽療法的なアプローチが、目と手の協応を育てることに貢献し、同時に音・音楽を媒介とした対人関係的なやりとりを発展させることに繋がるのではないか、ということである。教具を用いた個別的係わりあいにおいても、叩いたり押すと音の出るおもちゃを用いると、大人に合わせて活動する面白さが可能になり、最初のやりとりが成立しやすいと考えられる。
　P男くんに頻繁にみられる自己刺激的行動への仮説は、次の二つの理由が考えられる。ひとつは物や人への関心が弱く外界に向かいにくいときに自己刺激的行動が多い。いまひとつの仮説は、日常的に覚醒水準が低いので、自己刺激的行動を起こすことで覚醒水準を保とうとしている。前者の

仮説は外界へ向かいやすくなるように、おもちゃや教具を工夫して働きかけるということであり、後者の仮説はどちらかというとプラスの意味で本人自ら自己刺激的行動を起こしていると解釈できる。

こうした個人内差の発達理解は大変重要であるが、問題は、認知内の個人内差はもちろんのこと、運動表出面の発達、対人関係（自己像）やコミュニケーション能力の発達、情緒の育ち等との関連が、科学的な妥当性をもつ評価にならないと、恣意的な感情で得意不得意をきめつけていることになりかねない。発達臨床家は、全体をしっかりと評価できる臨床的な眼、視点をつくる努力を怠らないようにしたい。

(3) 発達支援の長期目標や短期目標の決定

目標設定やねらいは感覚的に決められるものではないし、自明なものでもない。個々の子どもにとって、何故そうした目標・ねらいが必要なのか、それが「発達臨床的にみて」妥当かどうか、厳密に押さえられるよう努力する。通常長期目標は1年以上の長期間にわたって押さえ続けなければならない、より本質的な発達臨床課題とされている。これに対して短期目標は「発達臨床的にみて」比較的短期間で達成できそうな当面の目標であり、活動に直結した内容を考える。この短期目標は活動に直結して具体的な適切なものを設定しやすいのだが、長期目標の方は発達課題として適切かどうか疑わしいことも多く、単なる「お題目」になってしまいやすい。発達的にみても方略や実現可能性が少ない、あいまいな目標として設定されていることも多い。

【事例4－5】臨床仮説に立脚した長期・短期目標の設定と方略1

上記の臨床仮説にのっとって目標を考えるとするならば、P男くんの第一の長期目標としては、自己刺激的行動が多く内に向かいやすい世界を、物と係わる力を育てより外界へ向かえるように育てることがあげられる。

そのためには手を積極的に使うおもしろさを経験することが必要である。目と手を使って物と係わり、みわける力を育てていくことが、外界への志向性を高めることに繋げられるのではないかという臨床仮説のもとで、この目標が設定される。

　これに対する短期目標とは、①手の操作と事物との因果関係理解を高めることで、手をより積極的に使えるようになるのではないか、ということである。揺れたり振ったり叩いたりして音を出すことが大好きなので（つまりは手を使って音を出すという因果関係理解ができている）、簡単な操作で音が出る遊具や教具をたくさん提供することが考えられる。短期目標の二つ目は、②外界へ積極的に向かうために、目的的な行動が拡大できるようにすることである。そのためには始点と終点をより意識して、終点に向かう活動が重要である。例えばスライディングブロックや、缶へ玉を入れる、さらには丸のはめ板等の課題が、より目的的な行動を意識づけることに貢献する。また目で運動の終わりを意識して手を調節的に使えるような課題を組んでいくと、それによって物への興味が拡大し、徐々に目を使うこともうまくなると仮説される。みわける力も育っていく。例えばP男くんのスプーンを使う食事行動も、食べ終わると落とす行動から、手の動きが調節的になって元の皿にスプーンを戻すという行動へと変容が期待される。

**【事例4-6】臨床仮説に立脚した長期・短期目標の設定と方略2**
　第二の長期目標として考えられることは、外界へ向かうために事物操作の拡大とともに、人に向かう姿勢をつくっていくことがあげられる。しかし人へ向かうという目標はわかりやすいにもかかわらず、具体的なアプローチは明確にされないことも多い。P男くんの当面の短期目標は、大人が働きかけたときに応じたり合わせたりすること、そうした経験を好きなおもちゃ・教具や音楽活動を用いて増やすことである。結果的に大人と合わせる楽しさができ、人への信頼感の第一歩がつくれるのではないかと仮説される。

【事例４－７】自己刺激的行動に関する仮説と総括
　Ｐ男くんの自己刺激的行動は、前述の臨床的観察によって、ある程度の発達的意味を理解することができた。それに基づいてどのような臨床仮説を立てることができるのだろうか。臨床的観察の結果からは、彼の自己刺激的行動は未経験や誤学習によって起きているのではなくて、物や人に係わるという外界に向かう力が、いまだ育っていない、つまり発達のつまずき（未発達）による常同行動と捉えることができる。そこでの基本的な仮説は、どのようにすれば外界へ向かう力を育てることができるのだろうかということである。まず考えられることは、Ｐ男くんにとってわかりにくい場面で自己刺激的行動は多く、音楽や食事の場面のように好きな活動のときの方が自己刺激的行動は少ないのだから、いかにしてわかりやすい外界（活動）を多く提供できるかにかかっているといえる。とくに音・音楽のような聴覚刺激には関心があることがわかっているので、音楽療法的なアプローチも有効ではないかと考えられる。また、音楽以外にも、音の出る打楽器やラテン楽器等を用いれば、目と手を使っての物への係わりが増し外界へ向かう力も育ち、結果的に常同行動も減少していくのではと仮説される。

　こうした臨床的観察や発達アセスメントを丁寧に行った後、発達臨床的視点のもとで臨床仮説を立てながら、実践の方針を考えていく作業が、実践のなかでは問われるのである。

## ４　実践内容の決定

　目標が設定されたら、実践の内容が具体的に決定される。グループの構成の仕方、活動場面の構成の仕方、教材・教具の工夫、係わり方・教え方の原則等について、個々の発達に合わせて検討される。

（1）グルーピング
　グループを組織する際にその構成の仕方を考える。まずは生活年齢を等質にするのか、発達水準を等質にするのか、あるいは年齢も発達も意図的に異質な縦割りグループとして構成するのか。それぞれメリットデメリットが考えられる。発達別グループは活動を組織しやすいが、生活という面からは年齢別グループも重要な意味があるし、縦割りグループも他児から学びあうという環境には適している。グループのサイズもグルーピングには欠かせない視点となる。学部別、学年別といった大きな集団は通常よく組まれているが、3から8名程度の小グループによる構成も重要視されるべきである。強い刺激が苦手な子どもや、刺激に振られやすい子ども、集中力が短いために早めに活動を切り替える必要がある子ども等に対しては、少人数によるグループ構成はメリットが大きい。

（2）場面の構成
　活動に使われる部屋のサイズや、照明の度合い、椅子と机の活用の仕方、活動プログラムの流れへの配慮等、場面構成に関しても、子どもの発達にあわせて最適な内容を考える。
1）部屋の構成
　部屋のサイズはどちらかというと小さめのスペースの方が、活動を展開しやすい。図4－2は筆者らの集団療法室であるが、活動に応じて途中でも部屋のサイズが変更できるようになっており、利便性が高い。活動に集中してもらうために、外の景色が見えないように窓には黒のブラインダーをおろしてあり、部屋の照度のコントロールも可能にしてある。必要な場所にスポットライトを設置し、蛍光塗料のみを照らせるようにブラックライトも設置されている（写真4－1）。こうしたちょっとした工夫は、臨床的な場面構成に貢献でき、実践の機能性を増す。
2）静的活動と動的活動の組み合わせ
　静的活動とは座って行う活動や、音楽等でもどちらかというと静かな曲や場

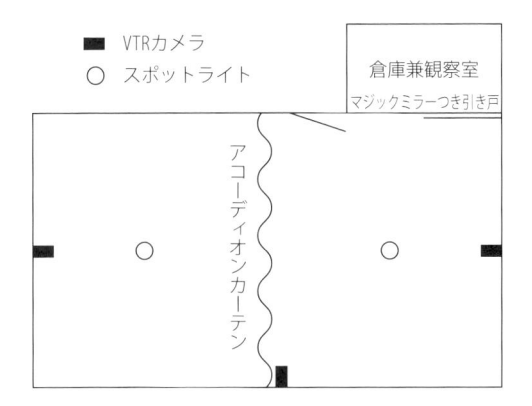

図4－2　淑徳大学発達臨床研究センター集団療法室

写真4－1
スポットライトのついた部屋
　集中を高めるために、スポットライトで照度を調節したり、ブラックライトをつけたりできる。

面をさす。これに対して動的活動とは、動きがありダイナミックな活動や活発な音楽を用いたりする場面をさす。療育活動における静的・動的という概念（宇佐川, 1974）は、緊張不安の強い子どもや動きの激しい子どもには重要な役割を果たす。一般に緊張不安の強い子どもは、静的な活動には親和性を示し、動的な活動には不安が拡大される傾向が強い。逆に動きの激しい子どもは動的な活動を好み静的な活動を苦手とする。そうした観点からプログラムの構成を考えたものが図4－3である。ここでは、①不安緊張の強い子ども、②動きの激しい子ども、③特に動きの激しい子どもという三つのタイプにわけて、プログ

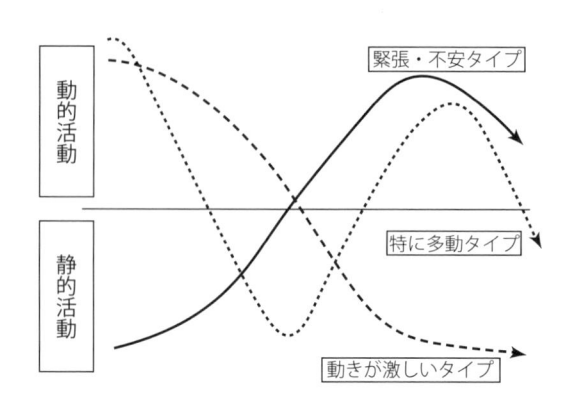

図4-3　動的・静的活動からみたプログラムの流れ

ラムの流れを考えている。①では静的な活動からはじめて徐々に動的活動へ、②では動的な活動からはじめて静的な活動へ、③では動的→静的、再び動的→静的という流れを設定するとプログラムが組みやすい（詳しくは第20章「音楽療法による発達臨床」参照）。

3）活動・教具の切り替え方

場面構成や活動・教具の切り替えは、子どもの集中の程度に応じて柔軟にすることが大切である。集中時間が短い子ども程瞬時に切り替えられることが原則となる。

(3) 教材・教具の応答性の工夫

発達の初期であればあるほど、教材・教具の応答性の工夫は重要である。押せば音が出るとか、はめる、あるいはパソコン等のように、動きや操作によって教具自身が応えてくれる応答性の高い教具（写真4-2）は、障害の重い子どもたちにも利用価値が高い。揺れや回旋、振動等の応答性は、もっとも興味がもたれやすく、次いで楽器等のように音が出る聴覚への応答性、さらにはめるいれる等の運動感覚プラス視覚への応答性をもつ教具等の工夫が必要とされる（詳しくは第19章「発達臨床における教材・教具の意義と活用」参照）。

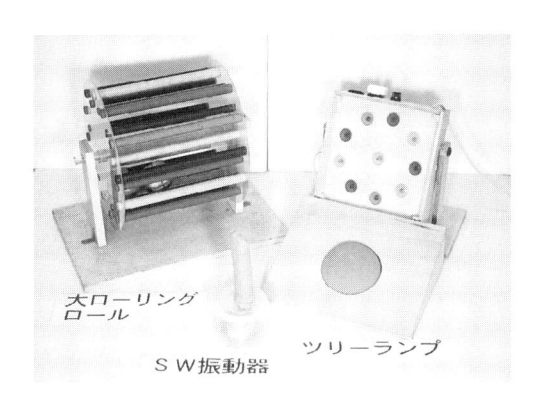

写真4-2
応答性の高い教具
　ごく簡単な操作で、教具自身が音や動き、光、振動等を発信し、その応答性が初期の子どもに喜ばれる。左上は触れると回転し中の鈴が鳴る。右上は円に触れると光がつく。下の振動器は棒に触れると振動が出る。

（大ローリングロール／SW振動器／ツリーランプ）

## （4）係わり方・教え方の原則－応答性と主導性のバランス－

　発達に応じて大人の接する態度も配慮を要する。接し方としては、関係的な意味での係わり方の検討と、教具を用いる際の使い方や教え方（教授法）の検討とに大別される（後者は第5章「つまずきを捉えるための臨床法を考える」参照）。

　係わり方で留意する点は、第Ⅰ層（第7章参照）であれば大人と向き合う姿勢をどのようにつくれるか。場面構成や教具への慎重な配慮とともに大人の方からの積極的な係わりが必要とされる。

　第Ⅱ層（第8章参照）においては、好き・嫌いの拒否が強くなるのでその対応の仕方、大人と合わせることが楽しいと感じられるようにするためにはどう係わればよいのかといった点に留意する。

　第Ⅱ層の終わりから第Ⅲ層（第9章参照）にかけて、からかいの拒否が出現しはじめるので、近すぎず遠すぎない距離のとり方も重要である。この段階での係わりに失敗すると誤学習が起きやすい。

　第Ⅲ層では、大人との相互的な関係はとりやすくなるので、あそびを通して関係が発展していくことを目標におく。

　第Ⅳ層（第10章参照）になると自我が強調されるようになり自己概念が育ちはじめるので、大人が子どもを十分尊重していることが伝わるような配慮が重要である。同時に劣等感や二次的障害等も芽生えやすくなるので、失敗体験が多すぎないように、成功経験が増え自信に繋がる係わりが大切である。

係わり上のもうひとつの視点として、主導的アプローチと応答的アプローチを考えることがあげられる。これは認知発達や、拒否の発達、関係性の発達、情緒の発達等との兼ね合いで、そのバランスについて考えていくことである。応答性とは、子どもの動きや気持ちを丁寧に受けとめつつ、受容的応答的に反応していくことである。それに対して主導性とは、大人の側から適切な方向づけをもって介入的に係わっていくことである。

臨床上この応答性と主導性とがうまく機能できるかというと、実際には大変難しい。ビギナーセラピストと熟練セラピストの係わりを比較した研究では次のようなことがわかった（宇佐川他, 1985b, 1987b）。ビギナーセラピストは受容的応答のつもりであっても傍観・後追い・追従になりやすく、適切な主導をしているつもりでも強制・命令が多くなりやすい。図4－4のように応答軸・主導軸がうまく機能すれば適切な係わりになるのだが、反対に作用すれば誤学習的な係わりとなりやすい。

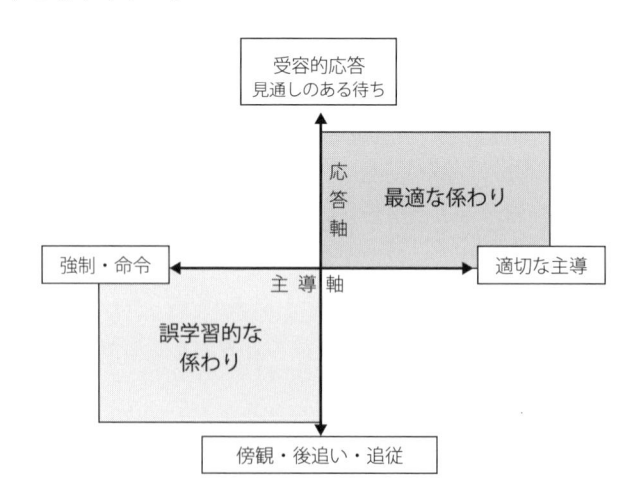

図4－4　係わり方の配慮

## 5　ケース検討の内容

　臨床を重ねながら、実践へのふりかえりを行う過程がケース検討ということになる。子どもの行動変容過程の評価を中心としつつも、大人側の実践要因の適切さについても、注意深く検討しなければならない。

（1）子どもの行動変容過程の検討

　子どものケース検討というと、成長している過程に重点がおかれがちであるが、むしろ変容が難しい点や成長しにくい点について検討することも重要である。その際にこれまで述べてきた発達臨床的な視点が活用される。発達の水準という観点からみた変容の仕方や、個人内差からみた変化やつまずきについて、あるいは認知と対人関係や情緒との絡み合い等々、臨床実践と行動の変容との関連について評価検討していく。

（2）場面・教具の適切性

　ここでは場面の構成の仕方や教具・活動が子どもの発達水準に合わせて適切であったかどうかが検討される。

（3）係わり方・教え方の検討

　ケースの検討としては大人の側の係わり方、教え方についても評価を行う。係わり方という点では、距離のとり方が近すぎたり遠すぎたりしないかどうか、誤反応や誤学習になる係わりになっていないかどうか、マイペースな面や拒否への対応の仕方は適切か、こうした関係上問題となりやすい点について臨床的な点検をする。発達に応じて応答性と主導性がうまく機能できていれば、結果として信頼関係も築きやすい。

　教え方の検討という点では、教材や教具の教授法が発達水準にあっていたかどうか、提示のタイミングや間のとり方、はじまりと終わりのつけ方、補助ヒ

ントの出し方、難しいときのステップダウンの仕方、逆にやさしいときのステップアップの仕方、等々について議論することになる。

(4) 仮説と目標の妥当性と修正

　当初に立てた仮説が妥当であったかどうか、経過をふまえて検討してみる。仮説通り行動の変容がみられるときもあるし、もう少しその仮説を継続して実践を続けることもある。仮説が妥当でないというばあいは修正をして、臨床方略を再構成するということになる。

　以上発達臨床的アセスメントと支援プロセスについて、事例を提示しながら述べてきた。ここでは論及していないが、必要な心理検査ツールやチェックリスト等も、もちろん利用することになる。実際に我々の臨床研究施設においても、療育継続中の大部分の子どもに対して（障害の重い一部の子どもを除いて）、数種類の検査ツールを用いた査定を行っている。同時に6ヵ月以上療育が経過した子どもは全員、筆者の感覚と運動の高次化発達診断評価法（第Ⅱ部参照）を用いている。にもかかわらずそれらはアセスメントのごく一部に過ぎず、中核となるのは、これまで述べてきた通り臨床的観察や実践的やりとりを軸とした発達臨床的な視点の構築にあると考えてきたのである。

# 第5章
# つまずきを捉えるための臨床法を考える

## 1 つまずきを捉えるための教具と教え方による「ゆらし」

(1) 基本的枠組み

　感覚と運動の高次化という発達臨床的視点の構築とともに、教具の系統性もある程度押さえられるようになった。その過程において、教具を活用しながら発達のつまずきを明確に捉えようという臨床法が考案された。その枠組みは図5－1のようなものである。発達的に系統性をもつ教具（例：写真5－1）を使いながら、一方で教える方法も発達的にコントロールしようとする。つまり教具と教え方の両者のステップの上げ下げの中で、どういう状況だと課題ができて、どういう状況だとできなくなるか、逆にどういうふうにステップを下げればできるようになるのか、というプロセスを捉えていく作業である。筆者がかつて学んでいた、モンテッソーリ法における感覚教具の系統性とその教授法からも示唆を得たのだが、その後感覚と運動の高次化理論に基づいて再構成されることになった。筆者はこれを、つまずき理解のための「ゆらし」のアプローチと呼ぶ。

　「ゆらし」のアプローチのセラピスト側の条件として、①発達に合わせた教具の系統的な使い方を熟知し、さらに発展工夫できる資質をもつこと、②その教え方（教授法）の発達的ステップにも習熟しており、臨機応変に教え方がコントロールできること、の二点があげられる。以下具体的な事例をあげて、この方法について解説してみよう。

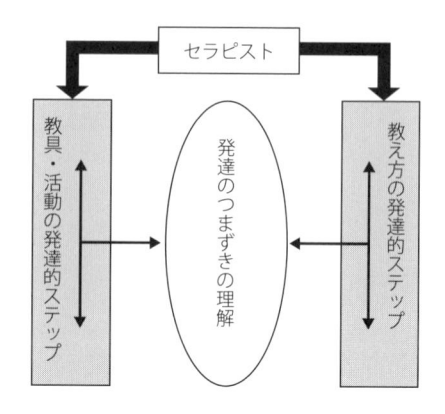

図5−1　教具と教え方による「ゆらし」のアプローチ

写真5−1
ステップ可変型はめ板の例
　単純なはめ板教具でも差し込みカードを下に入れることでステップが変えられる：1は色つきはめ板、2は色なしはめ板、3と4は平面の色あり、色なしマッチング、5は本来のはめ板と色が異なるマッチング板。こうした系統性のあるステップをもつことが重要。

（2）「ゆらし」のアプローチによる位置記憶課題のつまずき理解

【事例5−1】場面Ⅰ　位置記憶課題で両手が出る
　gさんは二つの不透明コップの一方に好きな玩具を隠すと、常に両手を使って両方のコップをひっくり返して玩具をとりだす。コップに入った玩具をとりだすという意味はわかっていて面白そうなのだが、何回試行しても両手がでる。

隠された物を探しだすという点で、物の永続性は成立しているが、二つの不透明なコップという左右の空間を十分意識できていないのではないかと仮説できる。もうひとつの可能性として、日頃の手の使われ方は、利き手がなく同側的であり、手が分化されずに両手がでてしまうのではないか、という仮説である。ｇさんとのやりとりの中で、そうした臨床アセスメントを考えているときに、透明のコップを玩具隠しの課題に使ってみたらどうかとおもいたった。コップをひっくり返して玩具をとるという点では同じだが、透明なので玩具が見える時と、不透明の見えない時とでは、両手の使われ方に違いがあるかどうかみてみたかったのである。

【事例５－２】場面Ⅱ　２個の透明コップに変えてみる
　透明のコップを二つ用意し、右側に玩具を入れてみた。不思議なことに右手のみをコップに伸ばし、ひっくり返して玩具をとった。左右差がないかを確認するために左側のコップにも玩具を入れてみた。間違いなく左手のみをコップに伸ばしひっくり返して玩具をとった。

これによってｇさんはコップ内の玩具が見えるか見えないかで、両手が出るか片手になるかが決められるということがはっきりした。見えているコップでは片手しか使わないという事実から、見えないコップだと玩具が隠されてしまって、左右の空間が意識できないらしい。したがって両手を用いた理由は、左右の空間を意識することが不明確なので、最もすばやくとりだすために行ったのではないかと仮説できる。それならばじきに、透明、不透明の二つのコップを用いて、見えないほうに玩具を隠してもとれるようになるのではないかと判断した。

【事例5－3】場面Ⅲ　透明コップと不透明コップにする
　透明コップを右側、不透明コップを左側において、不透明の方に玩具を隠した。3試行とも両手がでてしまい、うまくいかなかった。

　そこでステップを少し下げて、透明コップではあるが、三つの空間でどうなるかをみようと考えた。

【事例5－4】場面Ⅳ　透明コップ3個にステップを下げる
　三つの空間をどのように把握できるか確認するために、透明のコップを左、中央、右と三つ並べ、左側、ついで右側に玩具を入れたが、どちらも片手でとれた。次に奥行きの三つの空間を捉えるために、透明なコップを手前、真ん中、奥（向こう側）において玩具を隠しとらせた。少し奥が捉えにくそうではあったが、じきに完全にみつけてとることができた。

　左、中央、右という三つの空間でも見えるコップなら，片手で玩具がとれることができたので、再びステップをあげて、見えないコップでも片手でとれるようにするために、設定に工夫をこらした。

【事例5－5】場面Ⅴ　キラキラ光るコマを隠す
　透明コップを右側、不透明コップを左側においた。隠す玩具も注目しやすいキラキラ光るコマを回すことにした。不透明の方にコマを回して隠し、5、6秒ここにあることを強調してみせ、フタをした直後に「とってごらん」と教示した。1試行目は両手がでてしまったが、同じ位置で2試行目を行うと、左手で不透明コップから玩具がとれた。同じ手続きで3試行目も正解であった。

この方法は隠す寸前まで、注視し続けられるキラキラ光るコマにしたこと、教示方法も、隠す場所を強調した直後にとらせるところがミソである。そのため注意機能が働いて、見えないコップでも片手でとれたものと考えられる。それをさらに確実にするために次のステップを考えた。

【事例5－6】場面Ⅵ　コップのステップを上げる
　同じコマを使って、今度は隠す位置を逆の右側にして不透明コップをおいてみた。間違えずに右手でコップをあけて玩具をとった。そこでさらにステップをあげて不透明1個、透明2個のコップで3種の空間記憶を試みたが、これも片手でとることができた。

ここまでくれば、本来の課題であった不透明2個のコップの位置記憶も可能になると考えられる。

【事例5－7】場面Ⅶ　2個の不透明コップで達成
　同様の手続きで不透明のコップ2個で位置記憶課題を行ったが、うまく片手でとれた。しかしステップをあげて不透明コップ3個で3種位置記憶課題にすると何回やっても両手か同時にでてしまう。しかしそのどちらかの手にはコマが入っている。再びステップを下げて2種の位置記憶課題にすると、片手で確実にとれる。

同じ日のセッションの中で、教具と教示の仕方を変えながら、場面Ⅰから場面Ⅶまでの行動を引き出すことが可能であった。同一セッション内ではこれ以上難しくすることはできなかったが、それでも教材と教え方のステップの上げ下げという「ゆらし」のアプローチによって、ｇさんのつまずきはより明確にされ、その過程の中で記銘力や空間把握力の発展がみられた。わずか10分あま

りのセッションではあるが、子どもの動きを丁寧に押さえて、教具や係わり方を工夫すると、できた・できないという評価を超えた、つまずきの意味やその発展過程を捉えることができる。

## 2　客観的に理解する方法と相互反応的な理解の方法

　子どものわかり方の様式としては、行動を客観的に捉えようとする立場と、自己の心情を通して臨床的な直感を働かせつつ、子どもの心情を相互的に察していこうとする理解様式にわけることができるだろう。後者の立場は間主観的理解といってもよいかもしれない。

### (1) 客観的に理解しようと努める立場

　行動を客観的に捉えようとする立場は、心理学の測定法の基本的スタンスであり、心理検査や実験計画法に代表される理解様式である。だれが測定しても同一の結果が得られるといった信頼性を重視するとともに、測定される内容の妥当性が問題とされる。これは検査や実験ばかりではなく、臨床的観察や実践的やりとりにおいても、重要視される事柄である。例えば行動論的アプローチに代表されるように、行動を測定可能な量的レベルで評価し、結果を表示しようとする方法がある。実践場面における客観的理解のひとつの立場である。むろん要因を抽出する作業において、全体像を捉えきれずに一部を切り取りすぎてしまうと、実践上の本質的理解とかけ離れる危険性はある。

　もうひとつの手法として、VTRの記録をもとに、行動の全体的評価を精緻に行って検討していく方法がある。この方法もまた客観的に捉えようとする立場のひとつである。ただしこの手法は、必ずしも量的に評価するとは限らず、行動の客観的な事実を大切にしつつ、要因間の絡みを全体的に捉えようとするといった質的な把握を試みるばあいもありうる。筆者自身も、表現形態がわかりにくい障害の重い子どもたちに対して、VTR記録を用いて客観的で質的な把握をしようという試みを継続的に行ってきた。行動が了解しにくい子どもた

ちの発達的な意味を捉える上では、量的把握とは違って発達的・空間的・時間的な文脈理解上で行為を捉えることが可能となり、多大な効力を発揮したと思う。この方法は、次に述べる間主観的相互反応的なアプローチとは異なり、臨床観察的な客観的アプローチということになる。

（２）相互反応的な関係を中心に子どもの心情理解に努めようとする立場
　子どもの心情を、臨床的な直感を働かせつつ相互的に察していこうとする間主観的な理解様式も、客観的理解とはまた異なる深まりをみせる。状況の文脈性を大切にしながら、瞬間瞬間の出会いから感じとられる子どものこころのうごきを捉えていこうとする。実際にはことばで形容されるほど容易ではなく、理解のしにくい障害の重い子どもほど、セラピストの資質が問われる。この理解様式の前提として、セラピスト自身の自己洞察力やそれに基づく柔軟な応答性、一定程度の障害児への発達臨床的理解力が必要とされる。そうした前提とされる資質を持ち得ないとき、ややもすると恣意性が強く、都合のよいひとりよがりな解釈になる危険性をもつ。いずれにしても研ぎ澄まされた感性と資質のもとで相互的な理解が進むのであれば、より一層支援の深まりがみられるだろう。相互反応的理解の例として筆者とｈくんとの係わりをあげておく。

【事例５－８】場面Ⅰ　トランポリンが大好きな障害の重いｈくん
　トランポリンにお座りして、揺らしてもらうことが好きなｈくん、背後や横から揺すっても、フフフと笑っている。続けていくうちに、目を閉じたり自分の手をみつめてケラケラ笑い、より内に閉じこもるような感じになっていく。

　セラピストの筆者は、このままでは発達初期の子どもにみられがちな情動が内にこもってしまう、もしくは自己刺激的な興奮状態になるかもしれないと、直感的に判断した。したがってもう少し介入的に何か働きかけなければと危機

意識を感じ、とっさに次の係わりをおもいたった。

---
【事例5－9】場面Ⅱ
　セラピストである筆者の方に意識をもってもらおうと、ｈくんの前面で面と向かってトランポリンを強く揺する。最初の2回は姿勢をクルリと横向きにかえて回避したかのように感じられる。

---

うまくいかないかもしれないという不安もよぎらないわけでなかったが、次の瞬間、さらに少し働きかけを変えてみようと思った。
　相手の行為と息遣いに合わせるような感覚で、「間」をとろうとしたのだが、意識して出たというよりは、自然体としてそうなった。

---
【事例5－10】場面Ⅲ
　そこで間合いとめりはりを最大限考えて、イチ、ニー、サンで顔をつきあわせ、トランポリンを強く揺すり止める。

---
【事例5－11】場面Ⅳ
　ｈくんはプイと姿勢を横向きに変える。しばらくの「間」をとって、次の瞬間筆者も彼の顔の前に移動し、再びイチ、ニー、サンで大きく揺する。このやりとりを何回か続けていくと、「間」の取り方とセラピストの顔が目の前に現れトランポリンが揺さぶられるという変化が面白いらしく、一瞬目と目が合いケラケラと笑う。

---

　うまく彼の世界に繋がったかもしれないという想いと、この関係をもうしばらく続けられればと感じた。

## 第5章　つまずきを捉えるための臨床法を考える　71

> 【事例5－12】場面V
> 　繰り返すうちに静止時の沈黙も、次の瞬間を予測しているかのようにセラピストをチラッとみつめ、対人的な意識があるようにも感じる。しばらくこのやりとりが続く。

　「間」によって次の行為の予測がうまれやすいことは承知していたが、hくんとの間にみられたことに大変感動し、しばらく続けてやりとりを楽しんだ。

> 【事例5－13】場面Ⅵ
> 　続けているうちにピークはさったように感じた。そこで再びhくんの背後から大きく機械的にトランポリンを揺すってみた。まなざしはあらぬ方向を向いて、元の内にこもった笑いになっているかのようだ。

　少しマンネリ化して飽きてきたようにも感じたので、終わりにしてもいいかなと考えた。ついでにいままでの係わりの意味の確認をしようと思いたった。セラピスト側からの介入をしないで、前庭刺激としての揺さぶりを強く与えてみたら、いままで体験したやりとりはどんな違いをみせるだろうか。予想通り揺らし刺激への笑いはみられたが、内にこもった感じになり、最初の笑いに戻った。
　この数分間のやりとりは、hくんと筆者との係わりの難しさや、笑いの持つ意味の深さを考える時間となった。通常、「障害の重い子どもでもトランポリンは笑顔がひきだしやすく楽しそうだった」といったたぐいの記述は多くみられるが、それだけではうまく理解しきれているとはいえないようにも思う。相互的な関係に着目して記録をとれば、関係が生じにくい子どもに、どういう状況でやりとりが生じやすいかというヒントも得られやすい。

## 3 実践上の本質的な問題をすくいとるための方法

　全く異なるかにみられる客観的理解と相互反応的（間主観的）理解という二つの立場は、ともすると実践現場でも価値の相違として深刻な対立を引き起こす。しかし筆者は、最適な物的・人的な発達環境を構造的に設けるという点では、前者の視点を重視し、個々の理解しにくい子どものサインを捉え関係を深めていくという点では、後者の視点も大切にしたいと考えてきた。三十数年の臨床研究の中では、できる限り幅広い理解様式を臨機応変に使いこなせることが、個々の本質的課題にせまり、さまざまな問題をすくいとる作業を可能にさせたのであった。

　図5－2は、臨床実践場面における子どもの課題を、筆者がどのように押さえようとしてきたかを示したものである。臨床事象は収録されたVTRの資料ならびに臨床記録を中心に行う。子どもの発達的な変容を詳しく捉え、認知や運動、対人関係や情緒の発達がどのように絡みあって育っているのか、その関連性の理解に努める。実践場面で生じる事象の要因を、はじめから「しぼりすぎることにならないよう」にこころがける。最初から要素を抽出しすぎると、実践上捉えなければならない本質的な問題を捉え損ねることが多いということも、長年の臨床経験から得た重要な知見である。さまざまな問題や課題を把握できるように広めのスタンスで、もしくは大雑把にまずは事象を押さえることが肝要である。心理学では批判を受けそうな見方だが、発達のアンバランスや支援上の問題点も含めて、可能な限り広めにすくいとって、記録や事象の把握ができるよう努力する。その上で、発達全体の関連性を捉えるという観点を見失わないようにしつつ、本人にとってより本質的な実践課題が明らかにされるよう、緻密な分析作業を進めていくことになる。

　一例として4歳の重度の発達遅滞児が示した物投げ行動の経過を述べてみよう。

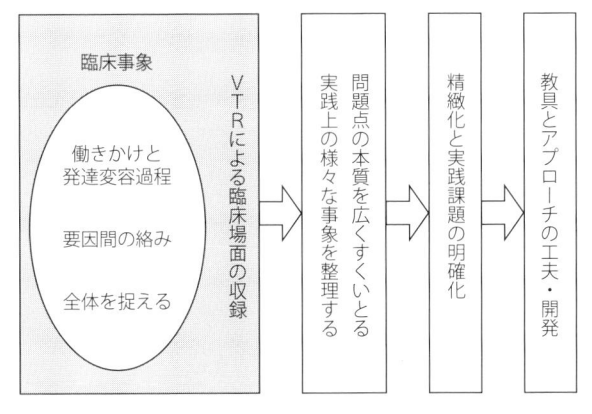

第5章　つまずきを捉えるための臨床法を考える　73

図5-2　臨床実践研究で重視した方法

（臨床事象：働きかけと発達変容過程／要因間の絡み／全体を捉える）→ VTRによる臨床場面の収録 → 問題点の本質を広くすくいとる　実践上の様々な事象を整理する → 精緻化と実践課題の明確化 → 教員とアプローチの工夫・開発

（1）本質的問題をすくいとるための臨床事例の提示

---
【事例5-14】場面Ⅰ　ｉさんの物投げ行動経過とその意味
　ｉさんは、模倣も発語も全くみられない4歳の重度発達遅滞児である。課題場面でも自由場面でも、物が目に入ればありとあらゆるものをつかんで投げる①ことを繰り返す。投げた後はニコッと微笑む。②投げる方向は持ち手の腕を外側に伸展させて放すことが多い。

---

　子どもの当面の支援課題をどこにおくか。生活上の問題や発達臨床的な観点からみてよく把握しなければならない事柄である。ｉさんのばあい、①の物投げ行動は大人を困らせるが、②のように当人にとっては楽しいことらしい。一般的に考えられている、からかいや注意獲得行動としての物投げではないようだ。むしろ発達初期によくみられる、終わりとしての投げ行動に近く、手の運動が未調節で目と手が協応していない段階ではないかと仮説される。

【事例5-15】場面Ⅱ　2ヵ月後の様子
　2ヵ月たつと物をつかんで一度胸元で止めて、おもむろに横に投げる。手の動きは以前よりもゆっくりし、③物が床に落ちた音を確かめるようにチラッと投げた先をみる④ようになった。投げる方向性が出てきたのではと考えて、⑤物投げをするいつもの場所で横両サイドに壁を設けてみた。⑥2回横に投げたが、何か変だいつもと違うと感じたらしく、後方に投げはじめた。⑦これによって空間を意識し投げる方向がありそうだということが確認された。

　③の投げるときの運動がゆっくりしてきたことと、④の投げた先を目で追うことから、少し目と手が繋がりはじめ、運動の調節が可能になりはじめたと捉えて、なんとなく横に投げるのではなく、空間を意識して別の方向にも投げられるのではないかと考えた（⑤）。そこで⑥のように横に壁を設けてみた。発達臨床的な仮説をたてて課題を設定したことになり、その結果、空間を意識し投げる方向がありそうだと確認された。

【事例5-16】場面Ⅲ　投げる運動の方向性がみられる
　次の課題として前方のみ開けて後方と横両サイドに壁を設けてみた。⑧2回後方に投げたが、面白くないようで他のあそびに転じてしまった。しばらくして元の場所に戻って物投げをはじめたが、今度はいままで一度も投げたことのない前方向へ何回も投げた。⑨このセッションを通してｉさんは横向けという単一方向の投げから、開いている空間を意識して、特定方向へ向けて意図的に投げることが可能になっているという評価がなされた。⑩

　投げる運動の方向性があるかどうかを確認するために、ステップアップして

⑧のように前方空間のみ開けた状態を設定した。⑨ではじめて前方向に投げ、⑩で特定方向に意図的に投げることが確認された。投げる運動の方向がでてきたということは、運動を調節する第一歩であると仮説できる。

---

**【事例5－17】場面Ⅳ　缶に玉を入れる課題の設定**
　その後の数回のセッションでも意図的に方向づけて投げられることが確認された。そこで今度はより運動を調節して物を放すことを目標にして、⑪ごみ箱用の丸い大きな缶に、手で握れる程度の大きめのビー玉を入れる課題⑫を設定してみた。最初はほとんど理解されず全面的介助を要したが、２度目のセッションでは肘を支えてやると⑬半分程度は缶のところへ持っていき、缶の中に落とすことができた。物が入った時のドンという大きな音を予測して、あらかじめ入れる寸前に目を閉じたりもする。

---

⑪で目を使って手の運動を調節できそうだと判断し、⑫のゴミ箱用の缶入れという具体的な課題を設定した。しかしそのままではうまくいかないので、運動調節をしやすくするために肘を支持するという⑬の補助的な介入を試みると、半分程度入れられるようになった。物を入れると音がするという予測もみられる。

---

**【事例5－18】場面Ⅴ　目で手の運動を調節できる**
　１ヵ月たたないうちに肘の介助がなくてもゴミ箱の缶にビー玉を入れられるようになった。⑭うまく入れられる時ほど、目が缶の穴をみつめており、動きがゆっくりしている⑮ことが特徴である。そうこうするうちに物投げ行動は減少しはじめた。⑯

---

⑭、⑮は目で手の運動が調節できるようになったということであり、⑯の物

投げ行動の減少はそれと関連していると考えられた。

【事例5－19】場面Ⅵ　小さな空き缶への玉入れ課題
　より小さな空き缶への玉入れ課題を設定した。ゴミ入れの大きい缶と比べるとかなり難しいらしく、セラピストがｉさんの手首を缶のへりにつけて動きを止めてやらない限り、⑰ビー玉を入れることはできなかった。

　さらに細かな手の運動調節をするために、小さな缶への玉入れ課題を行った。⑰の缶のへりに手首をつけて運動を止めると運動調節はしやすくなるという臨床知見から、介入的な補助を行っている。

【事例5－20】場面Ⅶ　物投げ行動の消失と事物操作の拡大
　4、5回のセッションで缶のへりに自ら手首をつけて動きを止められるようになり、⑱目を缶に向けたままおもむろに中央部に持っていき、ビー玉をゆっくりと放す。しかし動きがはやくなると目は逸れて失敗することが多い。ここにきて物投げ行動は激減し、他の場面でも打楽器類をバチで叩く等の事物操作が拡がった。

　補助的な介入が功を奏して、⑱のように自分で運動調節の工夫ができるようになった。目で動きをゆっくりコントロールしている方が調節的であるということも興味深いし、目と手の協応性が高まるとともに、物投げ行動は激減し、事物操作が拡がっていったという事実も興味深い。
　ｉさんの事例のように、臨床事象にそって丁寧に行動の評価を繰り返しながら、本質的な問題把握に努める。その都度教材やアプローチの仕方を変えていく（ゆらしていく）ことも重要である。結果としては物投げという手の使い方から、缶入れ活動を通して徐々に目が使われ、運動をゆっくりと調節できるよ

うになる。並行して物投げ行動が減少していった過程が示されている。物投げ行動についてｉさんと同様な臨床例を数例経験するとともに、物投げ行動の発達的な理解が進むようになった。

(2) まとめ

　さてこの事例のポイントはどこにあるか。基本的には常にVTRを使って客観的な事象の全体的な把握に努めているのだが、一方では子どもの示す些細な動きにも着目し、1回1回の丁寧な評価から、次の仮説を考えなおし臨床方略（教材や係わり方）を工夫することを繰り返した点が鍵となる。できるようになったからステップを上げるという発想だけではなく、1回1回のセッションにおいても、その場で行動の捉え方や仮説を臨機応変に変えていくことも重要である。そこに「支援上の本質的課題をすくいとる」意義があるとともに、その「ゆらし」のアプローチの難しさも存在することとなる。それはまた、教具を通した子どもとの「出会い」の瞬間でもある。

# 第6章
# 感覚と運動の高次化理論の発展過程

## 1 臨床研究の発展過程

　筆者らは1972年より三菱財団から研究助成金を得て、組織的な障害幼児の治療教育活動とその研究に着手した。方法は3歳から6歳までの発達障害児に対して、1回90分週4回来所してもらって、モンテッソーリ法や音楽療法、遊戯療法、絵画療法、運動療法等の組織的なアプローチを組み合わせて実施する療育プログラムであった（淑徳大学カウンセリングセンター , 1974）。多面的な角度からの密度の濃いプログラムであると同時に、記録や評価を最大限重要視して実践を展開した。それによって子どもの状態像や発達の様子を幅広く理解する視点が構築されていった。子どもの遊戯療法、音楽療法とともに、モンテッソーリ法 や Cruickshank（1967, 1977） や Frostig（1977）、Kephart（1971）、Gearheart ら（1977）の知覚運動学派、あるいは中島昭美（1977）のアプローチからも多くを学びつつ、子どもの発達像と対応させて、体系的な活動の組織化や独自の教具開発を行った。むろん当初は活動の適否について皆目見当がつかなかった。そこで、いま考えれば稚拙で評価できる内容のものではないが（というよりは賛同できない）、2月か3月という年度末に検査することになっていた田中ビネー検査もしくはＭＣＣ乳幼児発達検査の結果からMAもしくはDAを指標にしながら、教具の難易度を整理する作業を行った（宇佐川他, 1974a, 1975a, 1976a）。こうした一連の研究によっておぼろげながら発達にあわせた活動というものを意識できるようになっていった。また我々が精力的に開発し続けた感覚・知覚－運動教具は、使用経過の詳細な評価から、障害児の認知発達を考える契機と

なった。1978年には方法論と診断論を繋げる最初の論文が発表された（宇佐川, 1978a, 1978b）。1982年には現在の感覚と運動の高次化理論の原型である七つの発達段階が提案され、実践に用いられはじめた。1984年には7水準の発達段階が論文として提案されている（宇佐川, 1984a, 1984b）。1986年には『感覚と運動の初期発達と療育』という最初の著書が刊行され、感覚と運動の高次化理論の詳しい内容が解説された（宇佐川, 1986a）。以来21年間遅々たるあゆみではあったが、診断・評価法もアプローチ法も徐々に精緻化されていったことになる。以下我々の研究を四つの時期にわけてふりかえってみよう。

(1) 心理療法的アプローチを重視した時期（1972〜1977）

我々の治療教育のスタートラインは、子どもの情緒や対人関係を育むことを主目的に、心理療法的アプローチとして位置づけられた。遊戯療法はもちろんのこと音楽療法、絵画療法、モンテッソーリ法も、心理療法的な機能を有していると捉えて実践した。子どもたちの情緒の安定をはかり対人関係を育てながら、その上で運動や認知面も育てていく工夫をしようということであった。

(2) 感覚運動アプローチを意識した時期（1977〜1982）

モンテッソーリ法を研究していたこともあって、感覚運動あるいは知覚運動的なアプローチにも強い関心をもつようになった。Cruickshank や Frostig、Kephart らの知覚運動学派からの影響もうけつつ、精力的に教具やアクティビティ開発が行われていた。開発結果の妥当性に関する量的研究も、評価記録をもとに精力的に行われた。当時は今と違って治療教育という論点からの論文や書物は多かった。石井（1971, 1979）の遊戯療法を基盤にしつつ必要に応じて課題的な学習を行うといった方法や、小林（1980）の行動療法的アプローチに基づく多面的な角度から体系的に治療教育を展開するといった方法も書物として刊行されている。それまでどちらかというと対立的な図式であった遊戯療法と行動療法のアプローチが接近していくようにも感じられ、我々のアプローチも両者のメリットをうまく利用しようという視点が生まれた。

## (3) 発達論的視点を重視しはじめた時期（1983～1988）

そうこうするうちに筆者らの研究は、緻密な評価を繰り返すことによって、教具や活動をより体系的に組織化できるようになった。そして発達論的アプローチの重要性が自覚されるように発展していった。教具やアクティビティの系統性に関する検討を行ううちに、独自の発達段階をつくって実践を展開することになり、感覚と運動の高次化の七段階が提案された（宇佐川, 1984a, 1984b, 1986a）。心理療法から発達論的アプローチへの転換期であり、同時に組織的な教具開発研究を基盤にした発達理論の構築期であった。

また臨床実習場面での学生の成長過程を追う研究から臨床実習システムの開発も行われた（宇佐川, 1981, 1985a, 1985b, 1987b）。

## (4) 発達論的アプローチの拡充期（1989～現在）

1989年には認知と対人関係の発達を双方ともに大切にしようという、それまでのどちらかといえば二元論的なアプローチから、認知と自己像発達をより統一的に捉える自我発達という観点から、感覚と運動の高次化理論を再構成した（宇佐川, 1989a）。

また療育効果の量的研究も進められた（宇佐川, 1989a, 1989b, 1992, 1993a, 1993b, 1996）。そのデーターをもとに並行して臨床類型研究も展開されることとなった（宇佐川, 1994）。結果として多様な発達の層の子どもに対応可能な臨床方法論へと発展していった。

1997年に感覚と運動の高次化発達診断チェックリストが提案され（宇佐川, 1997）、その後改訂を続けて現在では第九版に至っている（宇佐川, 1998a, 1998b, 2000, 2001c, 2002b, 2003b, 2004c, 2005b）。さらに発達アセスメントの方法や発達臨床類型についても研究が進められている（宇佐川, 2003a, 2004a）。

以下こうした研究過程をもとに発展してきた感覚と運動の高次化理論について解説を加える。

## 2　初期の感覚のはたらきと運動の起こし方

### （1）発達初期には視覚処理や聴覚処理が苦手

　外界からの情報は、必ず感覚器官を用いて入力することになるのは周知の通りである。通常我々が外界を捉えるときは、視覚からの入力を中心にしつつ聴覚からの情報入力が用いられることになる。ところが発達につまずきを示す子どもの場合は、必ずしもそうではない。視覚や聴覚に障害が認められないにもかかわらず、目や耳をうまく使って情報を入力しているとは限らないということは再三指摘してきた。

　確かに発達初期にある子どもでも、移動の際や事物操作の際、一瞬目は使われてはいるのだが、通常は漠然としていて、どこに焦点が向けられているかが定かではない。大人が近づいていっても、あたかも大人が存在していないかのように、そこを超えた向こうをぼんやり眺めている子どももいる。あるいはいつも刺激に振られ眼球がめまぐるしく動いていて、視点が定まらない子どももいる。姿勢が不安定で事物に目が定位しにくい。目と目を合わせることがなくいつも回避しているかのようにみえてしまう。大人が目を向けている方向にまなざしを向けられなかったり、大人が指さしした方向にまなざしを向けることができないばあいもある。みることはできても、みようとしないということである。仮にみようとすることができても、弁別の能力すなわち、みわけることができないこともある。目の使われ方に関して発達初期にある子どもには、こうした臨床像がみられやすいのである。

　視覚は、嫌ならば目を逸らしたりつぶることもできる反面、入力するためにはまなざしを意図的に向けて定位しなければならず、能動性の高い感覚器官といえる。それに対して聴覚は、拒否することはできなく受身的で入力しやすい。

　したがって、発達初期の子どもでも聴覚は受容しやすいのは事実だが、逆に過敏性が強ければ否応なしに音の入力で不安を強めることもある。またきこえているから情報が収集できるというわけではない。認知的に初期の段階であれ

ばことばの意味理解も難しいし、ことばが理解されてもききわける力につまずきを示すばあいもある。「りんご」と「いちご」の語尾だけをとらえて誤って絵カードをとるといった具合である。ザワザワとする集団の音（背景となる地）の中から、先生の話として特定の声（図）を聴き取ることが苦手なばあいは、聴覚的な図と地の弁別が難しいことになる。

（2）触運動的探索システムとしての外界の受容

　発達初期において、どのような感覚を使いながら運動を繋げていけるかという視点は、子どもの外界を捉える枠組みについて知る手掛かりとなる。手を使う微細な動きも、移動や身体を使う粗大な動きにも共通するものである。

　第一の視点は手を使うことも含めて運動のための姿勢が保持できること。姿勢の保持が難しいようであれば、椅子や机をうまく活用するといった姿勢補助のためのアプローチが必要とされる。

　次の視点は自分の動きを意図的に止められるかどうかである。発達初期の子どもにとって動きを止めることは予想以上に難しいのだが、探索活動のために自己の運動を調節する第一歩となる。

　そして探索活動や操作活動がはじまる。その際触運動感覚（あるいは触覚や固有感覚・前庭感覚といってもよいが）を適切に用いて自己の身体や姿勢に運動が入力されたことを確かめながら、同時にほんの少し、目や耳で触運動的探索行為の結果の確認が行われはじめるようになる。結果としてはじまり（始点）から終わり（終点）という線の運動の方向づけがしっかりし、触運動的探索行動は拡がり、事物への興味関心が高まる。自分の行為と結果の因果関係理解も拡げられる。さらに縦と横という面（二次元空間）を触運動探索するシステムが育っていくことになる。線や面・空間というものを意識することを通して、徐々に前庭感覚・固有感覚もしくは触運動感覚による確認という探索システムがしっかりし、それに加えて目や耳を関与させて予測や確認をしつつ運動表現を行う探索システムへと発展していくことになる。

　図6-1は、これまで述べてきた内容を図式化したものである。前庭感覚・

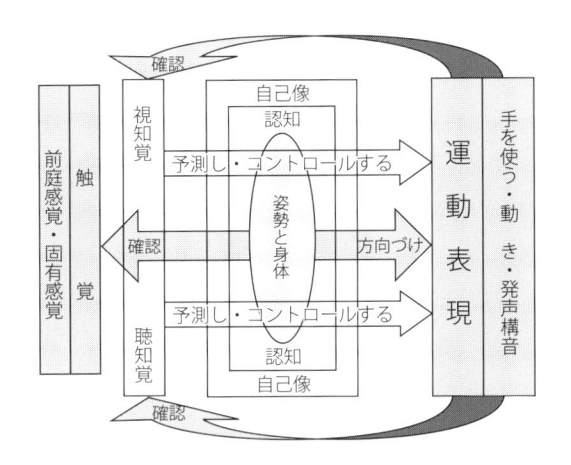

図6-1　感覚と運動の予測と確認

　固有感覚や触覚という感覚を使いながら、まず姿勢と身体への気づきを高め、視知覚と聴知覚を関与させながら確認し予測しつつ意図的な運動との繋がりを強めていく。

## 3　感覚と運動の繋がり方

　発達初期の前庭感覚・固有感覚、触覚を使うことを中心に外界を捉える世界（筆者のいう発達の第Ⅰ層）から、目や耳を使って外界を捉え運動を調節していく世界（筆者のいう発達の第Ⅱ層）へと転換していくことは、それほど容易なことではない。発達初期においては目や耳と運動は極めて繋がりにくい。目や耳が最初使われていたとしても、動いたり手を使ったとたんに目が逸れる、声を出したとたんに耳は使わなくなるということは少なくない。

　感覚と運動の繋がり方を示したものが図6-2である。以下段階を追って述べる。

　①　感覚と運動が拮抗する：発達初期にあればあるほど、図6-2のように

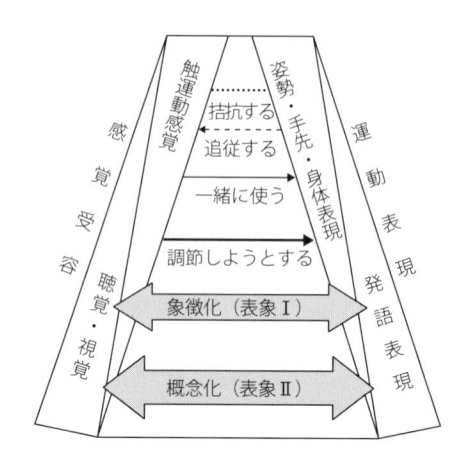

図6-2　感覚と運動の繋がり方

感覚受容としての触運動感覚と運動表現とは近い距離にあるものの、視覚や聴覚と運動との距離は遠く繋がりにくい。「バラバラ」というよりは「相反するもしくは拮抗する」というのが適切であろう。

② 感覚が運動に追従する：次の段階では目や耳と一緒に使われるようになっていくが、どちらかといえば触運動的探索が視覚・聴覚より優位で、触れた結果目を向ける、物を投げて音が出たら振り向くといったように、運動に視覚や聴覚が「追従」しやすい。

③ 感覚と運動を一緒に使う：探索的な触運動活動をたくさん経験することによって、徐々に運動や発声行為に目や耳が繋がっていく。例えば目を手の運動の始点に使う。缶にビー玉をいれるとき、その前にチラッと缶（始点）に目をやって予測をたててから、おもむろに手でビー玉をつかみ入れる。ビー玉を離した際の固有感覚と音が出ることによって、終わりという自己の行為が確認される。目が手の動きをずっとモニターしているわけではないが、少しだけ目と手が「一緒に」使われはじめることになる。

④ 目や耳が運動を調節しようとする：始点と終点がはっきりしてくると、外界への興味関心は高まり、行動は目的的になる。適応的に外界へ向かう

ために、自己の運動を「調節しようとする」意図も高まってくる。面白そうな複雑なおもちゃは、より高度な事物の操作性が要求されるし、目的のところへ移動しようとするためには、視覚を定位し続けながら、より高次な運動の調節力が要求される。またうれしさや怒り、不安等のさまざまな情動を、他者に伝えようとするためには、アイコンタクトや声の出し方もさまざまに調節することになる。つまり外界へより適応しようとするために、視覚や聴覚をうまく使いながら、運動や発声を調節しようとするプロセスが生じる。生理学的には、それが姿勢や運動発達であり構音の発達となる。しかし人間学的あるいは心理学的な意味合いでいうならば、外界へ積極的に係わろうとする志向性（意欲）が育ってきたために、目や耳をより「意図的」に用いて、自己の運動・発声を「調節しようとする」ようになっていくとも捉えられるのである。

　見方を変えれば、志向性が高まることによって、感覚と運動の繋がる必然性が育っていくともいえる。

## 4　表象機能の拡がり

⑤　前言語機能と表象の芽生え：感覚と運動とが繋がりはじめるとともに、記銘し表象するといった記憶操作（物や人の永続性、位置記憶、音声記憶）も拡がり、指さしや模倣（事物操作模倣、身体模倣、音声模倣）もみられはじめ、三項関係も成立していく。これらは通常前言語機能の発達とよばれているものだが、それが感覚と運動の高次化の発達過程と不可分なものであるというのが、筆者らの長期的な臨床研究から得た知見でもある。障害児の発達過程において、この前言語といわれる部分の育ちが難しいことも、わかってきたことである。

⑥　視覚と聴覚の統合とイメージの拡がり：やがてみわける、ききとるという知覚弁別力がしっかりし、視覚と聴覚を統合して一緒に使うことも上手くなっていく。情報を目でよくみわけながら、耳も使って聴きとっていく。

頭の中で、間接的にイメージ（像）を浮かべて処理をする作業を、少しずつ確かなものにさせていく。模倣が活発化し、みたてあそびやことばの理解が拡がり、コミュニケーション能力が育っていく。あそびやコミュニケーション能力の拡がりとともに、自己を表現しつつ、他者を受け容れ、他者との相互性も拡大していくことが多くなるのである。

⑦　概念化と記号操作：さらにことばや文字や数概念等の記号化が進む。視覚や聴覚からとりこまれた情報を頭の中で記号変換し、考えたり、推理・判断していく力が育つ。表現面では言語が拡大し、ことばを通してやりとりとしての会話が成立し、描画や書字能力も育っていく。感覚と運動の関係は図6－2のように、初期の直接的な処理のうちは近しい距離にあったものが、徐々に記号を用いて間接化していくという意味で、より離れた存在になっていく。

こうした感覚と運動の一連の関係の変化を読み取ることによって、感覚と運動の高次化理論が構築されていったことになる。

## 5　臨床方略を考えるための感覚と運動の高次化発達臨床モデル

発達支援の臨床方略を考える上でもうひとつ重要なことは、どのような臨床的枠組みをもってあたろうとするのかということである。もちろんその枠組みが硬直化していれば、つねに柔軟性が問われる実践への弊害となる。しかし逆に枠組みを全くもたないあるいは未整理なままの実践では、臨床方略や支援の方法を適切に具体化することは難しい。筆者は1970年代後半から、現在の感覚と運動の高次化モデルの原型である枠組みを設け、臨床的研究を展開してきた（宇佐川, 1978a, 1998b）。以来三十数年かけてこの発達臨床モデルは構築されてきたことになるが、その時々でモデルを再編しなおし実践を展開しようと試みてきた。しかし正直なところ完成されつつあるモデルによって、うまく実践が

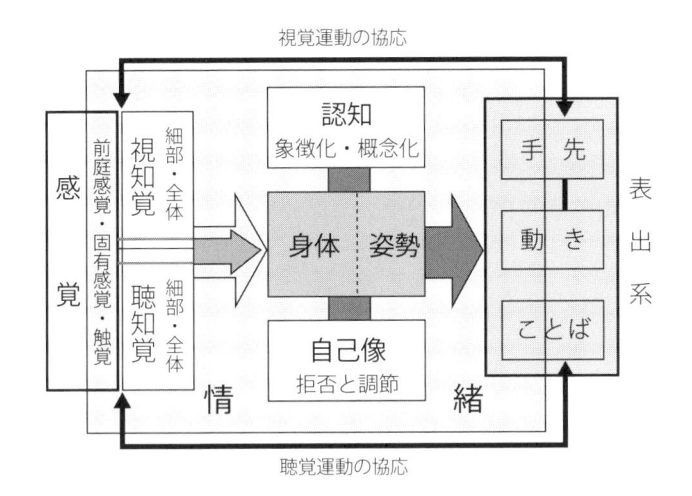

第6章　感覚と運動の高次化理論の発展過程　87

図6−3　感覚と運動の高次化発達臨床モデル（宇佐川, 2006）

展開できたというわけではない。ややもすると形式的になったり硬直化した理解になったりすることもあった。にもかかわらず臨床方略を考える上では、一定程度貢献できる視点となっている。

現在使われている発達臨床モデルは図6−3の通りである。発達の中核に身体・姿勢を位置づける。まずは発達初期の身体意識と姿勢づくりが重要であると考えられ、それを支える感覚として前庭感覚・固有感覚・触覚の受容がある。その上で視知覚・聴知覚さらには細部知覚と全体知覚が発達していく。認知的には象徴化・概念化といった表象機能が育ち、拒否と調節を通して自己像が発達していく。身体と姿勢を中核にしつつ認知と自己像が育つことによって、それを「包みこむように」情緒も育っていく。また目や耳も運動に関与することが多くなる。すなわち目と運動や耳と運動の協応を通して、表出系としての手や身体の動きの調節、そしてことばが育まれていくことになる。

## 6　感覚と運動の高次化発達ステージの枠組み

　2〜4項において、感覚の使われ方と感覚と運動の繋がり方及び表象機能の発達過程について簡単に述べてきた。この感覚と運動の高次化の発達が、認知発達はもちろんのこと、自己像や情緒の発達にも多大な影響を及ぼしている。そう考えるようになったのは、かけだしから十年程度の月日を要したが、最大の根拠は、我々が行った多数の乳幼児期の療育事例研究の集積がある。我々の事例からは、感覚と運動の繋がりが初期の段階にとどまっている子ども程、自己像や情緒の発達もつまずきが大きかったし、感覚と運動が高次化し象徴化、概念化へと発達していくにつれて、自己像も情緒も育っていくことが多かったのである。当たり前といえばごく当たり前のことなのだが、長期間にわたって認知以外の側面、すなわち自己像や情緒の発達評価も関連づけて行えたことが、三つの発達領域の相互関連性を臨床的に確認することになった（宇佐川, 1989a, 1989c, 1990a, 1991, 1992, 1995a, 1998a, 1999, 2001d）。

　例えば、触覚の過敏性は、スキンシップといわれているような触覚的係わりを妨げ対人関係の育ちにも影響を与えること。感覚によって運動を調節することが苦手なばあいは、情動も調節しにくく結果として自己像の調節も苦手な例がよくみられたこと。手と目を使うことが苦手な子どもは、聴覚優位になりやすくイメージや予測力が育ちにくいこと、結果として情緒が不安定になりやすいこと。指さし対応弁別が可能になると、目と目はよくあい身体模倣も産出しやすいこと、等々である。初刊本である『感覚と運動の初期発達と療育』(1986a)においては、発達水準はおおよそ確定できていたのだが、相互関連という発達の全体性の視点はまだ十分には提案されていなかった。この二十年間に視点が深められた部分である。

　ともあれ三十数年間にわたって、300名を越す療育事例を詳細に検討していくという一貫した作業を通して、集積された資料をもとに、感覚と運動の高次化による発達水準やその全体的理解の枠組みが精緻化されてきたことになる。

表6-1　感覚と運動の高次化からみた発達水準

| 発達の層 | 水準 | 名　　　称 |
|---|---|---|
| 第　Ⅰ　層<br>（初期感覚の世界） | Ⅰ水準 | 感覚入力水準 |
| | Ⅱ水準 | 感覚運動水準 |
| | Ⅲ水準 | 知覚運動水準 |
| 第　Ⅱ　層<br>（知覚の世界） | Ⅳ水準 | パターン知覚水準 |
| | Ⅴ水準 | 対応知覚水準 |
| 第　Ⅲ　層<br>（象徴化の世界） | Ⅵ水準 | 象徴化水準 |
| 第　Ⅳ　層<br>（概念化の世界） | Ⅶ水準 | 概念化1水準 |
| | Ⅷ水準 | 概念化2水準 |

現時点で到達している発達水準は表6-1のようになる。

　まず発達をおおきく四つの層にわけ、さらにその下位の水準として、第Ⅰ層に3水準、第Ⅱ層に2水準、第Ⅲ層に1水準、第Ⅳ層に2水準を設けた。その結果、感覚と運動の高次化理論は4層8水準で構成されている。

　以下第7章から第10章にわたって、感覚と運動の高次化からみた発達全体の捉え方について、段階を追って考えてみることにしよう。

# 第7章

# 感覚と運動の高次化 第Ⅰ層
―初期の感覚と運動の世界―

　発達初期の段階を第Ⅰ層と呼ぶ。外界へ向かう力も初期的な段階にあり、運動面でも、物や人に係わるという点でもスタートラインということになる。第Ⅰ層では、外界の情報を正確に捉えるための視知覚や聴知覚という感覚がまだ十分に育っていない。その代わりに揺れや関節等への前庭感覚・固有感覚刺激や触感覚といった、発達初期に受容しやすい感覚器官が多用されることになる。また感覚を使いながら姿勢を整え、運動を組み立てていくことも初期的な段階にある。感覚と運動のパイプがうまく繋がりにくいのである。視覚や聴覚と運動はどちらかといえば拮抗しやすく、目や耳を使っているときは、運動は自発しにくく、運動を起こせば目や耳は使いにくくなる。それもあって、物や人に係わる行為が読み取りにくい。結果として、外界つまり物や人に係わることが弱いようにみえてしまう。

　したがってこの層においては、子どもの感覚の使われ方、姿勢の保持の仕方、運動の組み立て方について、最大限のアンテナをはって理解するように努めなければならない。それに適した環境の整理、係わり方の配慮、教具の工夫が必要とされる。

　感覚器官の受容のしやすさは、多くのばあい図7－1のような順序性をもつ。

> 前庭感覚・固有感覚＞触感覚＞聴覚≫視覚

図7－1　感覚器官の受容のしやすさ

　第Ⅰ層においては、視覚からの受容が最も難しく、ついで聴覚受容ということになる。

もうひとつのこの層に共通した配慮点は、かなりの頻度で触覚、味覚嗅覚、聴覚の過敏性を有する点である。とくに第Ⅰ層Ⅲ水準（知覚運動水準）以降の子どもに顕著である。また過敏性は、予測がつきにくい時ほど、あるいは情緒が不安定な時ほど強くなりやすい。

触覚系の過敏では、他者から不用意に触れられることを基本的に嫌がるので、抱かれることや手や腕を介助されること、髪を散髪したり顔を洗うこと、衣服の着脱、靴下をはくこと等において苦手な状態像を呈する。また物に対しても感触が嫌で触ることをしない、あるいはおもちゃ等への関心が弱く、結果として手を使う経験が少なくなり、認知面での育ちもつまずきやすい。

味覚嗅覚系の過敏では、偏食が顕著で食事行動が成立しないこともある。

聴覚系の過敏では、金属等の特定の音を嫌がったり大きい音が苦手だったり、人の声や集団の騒音が苦手だったりする。結果として集団を嫌ったり、グループの音楽が苦手だったりする。

こうした感覚系の過敏性をもつということをまず理解しないと、係わりの基本がつくれない。嫌がるのに無理強いしようとするばあいが多くなるからである。いっそう拒否が強まったり不安定になりやすい。過敏性は第Ⅱ層の知覚水準になってもよくみられるが、認知が育ち第Ⅲ層の象徴化水準の頃、あるいは年長以降になるにつれて、低減していくことが多い。これは過敏性の減少が、加齢はもちろんのこと、認知という予測の高まりや、生活経験の幅の広がりと関連があるのかもしれない。むろん高等部や成人になっても、過敏性が強いまま外界との交渉に大きな支障をきたす例もみられないわけではない。

## 1　Ⅰ水準：感覚入力水準

### （1）感覚の開かれ方

感覚と運動が最も繋がりにくい段階をⅠ水準（感覚入力水準）と呼ぶ。感覚器官からの入力そのものが初期的で、情報が入力されたことと運動や表現とが繋がりにくく、反応が読み取りにくい。感覚を使えば動きは静止させ、運動を

起こせば感覚を使わなくなることも多い。しかし受容されやすい感覚もある。揺れ、高い高い、グルグルまわし等の前庭感覚入力や、強くおしつける圧覚や手首や足首、膝や肘等の関節への刺激入力（固有感覚入力）、触れるといった触感覚入力等は、快の表情が表出されやすく、入力されていることはわかりやすい。

　感覚刺激は、どちらかというと弱めの方が受容しやすく、感覚が開きやすい。強い刺激は、受容を閉ざすことがあることに十分留意しなければならない。同様に複雑な刺激よりもシンプルな刺激の方が入力しやすく、係わり方もシンプルで整理されている方が伝わりやすいことになる。反応の読み取りが難しい子どもほど、繊細でかつシンプルな働きかけや、応答性の高い教具の工夫が求められるのである。行動の意味が理解しにくいが故に、VTRを用いた「実践へのふりかえりの作業」も欠かせない。

### （2）動きと姿勢

　振動感覚を受容するための姿勢をつくることは、比較的了解しやすい。例えばシンバルの響きから伝えられる振動に手掌や唇を意図的につけてジッとしていたり、ピアノの側板の振動部分に身体をつけて受容しようとする姿勢等は読み取りやすい。また手足の動きや姿勢の変化によってスイッチを作動させて音を出すこと等も、行為の意図性を確認できる内容である。

　運動の自発のための姿勢のつくり方も重要な視点となる。座位姿勢がとりにくい子どもは、仰向け、うつ伏せ、横向けのいずれかの姿勢のもとで、外界に向かう運動を起こす。どの姿勢が、外界を受容しやすく動きが自発しやすいのかはケースバイケースで、よく把握することが大切である。

#### 1）仰向けの姿勢による運動の自発

　運動障害の強い子どもの場合、一般には仰向けの姿勢が体幹を安定させるので、手足を意図的に動かしやすい。初期の因果関係理解を高めるために音を出すという活動において、この姿勢は適していることが多い。しかし目と手を繋げるという視点からは、目と手足は相反した動きになったり、あるいは手を使うと目は逸れやすかったりして、両者を繋ぐ適切な姿勢がつくりにくいことも

ある。

2）うつ伏せの姿勢による運動の自発

　首がすわっている子どものばあい、うつ伏せの姿勢で、枕か三角マットを胸にあてて物に係わることもできる。このばあいは手を前に出して物に触れて音出しや感触を楽しむことが可能であり、手と目は繋がりやすい。しかし長時間この姿勢を保持することは難しいというデメリットもあり、また肘の支えがないために調節的な手の運動も難しい。

3）横向けの姿勢による運動の自発

　座位姿勢がとれない子どもにとって、横向け（側臥位）の姿勢は目と手を繋げやすく、同時に調節的に手を使うことも可能である。横向けの姿勢で手を使うばあいに、床につけた下側の腕を動かして手を使うばあいと、頭越しに上側の手を使うばあいとがある。前者は肘が床についているので姿勢も保持され、運動の調節はしやすく、目と手も同調したまま操作を続けることもできる。反面可動域はそれほど広くはない。一方横向け（側臥位）で頭越しに上側の手を使うばあいは、目で目的物を捉えやすく、手で触れるという点ではメリットがある。しかし触れた後、手を調節し続けるという点では、姿勢保持が難しく、目と手は逸れやすいし、腕もしくは手首の支えや姿勢保持のための介助が必要となる。

4）座位姿勢による運動の自発

　目と手を使う姿勢としては、基本的には座位の姿勢が重要である。手の操作空間と視覚の世界は、基本的には垂直軸の世界だからである。目と手を繋げながら手を使うためには、やや前傾で軽く肘が机の面につき、姿勢の支えになるのが適切であろう。ひとりで座位姿勢を保持することが困難な子どものばあい、この姿勢になると机上につけた肘に体重がかかりすぎ、腕が動きにくい。重心を横に移動して片側の肘を支えとして、もう一方の肘を机上からわずかに浮かして手を使うと、少し腕の可動域が拡がる。また前傾姿勢で体重が肘にかかりすぎないように、胸をバンドで軽く保持して腕が動きやすくする等の工夫もできる。また足台にしっかり足が着地しているか否かという点や、机と椅子

の高さの適切さ等が、微妙に手と目の使いやすさに影響を与えており、慎重な配慮が必要である。視覚の世界は、基本的に垂直軸で捉える、つまりは座位姿勢で捉えることが、その後の目の使い方や弁別活動に大きな意味をもつものと考えられる。

(3) 動きと結果の因果関係理解が難しい

　音や光を出すために手を動かし触れるという行動系は、自分の動きと音や光が出るという結果との因果関係が理解できるということであるが、最初はわかりにくい。そのなかでは、振動を伴って音が出る教具は、自らの行為と結果確認としての音や振動が感覚器に伝わりやすく、その因果関係も比較的理解しやすい。しかし全体にこの水準では、自分の動きとその結果を確認するという繋がりは弱く、外界に向かう目的的な行動が芽生えはじめた段階である。

(4) 情動の読み取り

　情動の表現も弱いことが多い。覚醒水準も生理的に不快なときを除くと低めのことが多い。セッション中ぼんやりしているとか、寝てしまうということも少なくない。そういう点で、働きかけや教具が受け容れられたかどうかを、情動として表情から読み取ることも難しい。しかし揺れや回転等の前庭感覚刺激の入力に笑顔をみせる子どもは多いし、過敏性がみられないならば、振動・触覚刺激も、入力されたことを情動として読み取ることは可能である。音・音楽も快の表情を読みとりやすい活動のひとつである。

　いずれにせよ、感覚入力水準での情動は、まなざしや表情はもちろんのこと、姿勢や動きとの関連で、丁寧に読み取っていくことが大切である。

## 2　Ⅱ水準：感覚運動水準

(1) 感覚と運動の繋がりの芽生え

　この水準は、感覚と運動の繋がりが少し芽生えてきた段階である。感覚の受

容能力そのものが高まり、そのために姿勢を整え、運動を組み立てようとする力も芽生えてくる。しかし感覚が運動に優先しているというわけではなく、感覚は運動の後追いあるいは追従して使われる傾向が強い。

　例えば物が目にはいると手を伸ばす（リーチング）、次いで触覚と固有感覚で確かめながら物をつかむ（グラスピング）。さらにそれを口元に持っていき舐めたり噛んだりして口の触覚で物を確かめる。こうした一連のプロセスについて、感覚と運動としてもう少し厳密に整理するならば、以下のようになる。

① 最初に感覚（目）が使われる。
② 運動（手を伸ばすための座位姿勢を保ちながらリーチング）が自発される。
③ さらに、つかむという運動を起こす。
④ 触覚や固有覚という感覚でつかんだことを確かめる。
⑤ 次に、手を口元へ引き戻すという運動を起こす。
⑥ 唇の触覚で物が触れたということを確認する。
⑦ 噛んだり舐めたりという運動を起こす。
⑧ 歯や唇という感覚で事物を確かめる。

　たかが口で物を確かめると思われがちな行為にも、感覚と運動が交互に頻繁に使われ成立していることがわかる。したがって、感覚と運動が繋がりにくいということは、それだけ事物と係わることが難しいということになる。
　次に人とのやりとりについても考えてみよう。お母さんが働きかけて初期段階の子どもが応じるプロセスの例をあげてみる。

Ｍ１：お母さんが声をかけながら笑顔で子どもに働きかける。
　① 子どもは声に気づき（聴覚）、まなざしを向けお母さんの笑顔を確認する（視覚）。
　② 「あー」と声を出してニコッと笑う（発声と表情としての運動）。
Ｍ２：お母さんも嬉しく感じて再び笑顔で声をかけながら接近してきて、だき

あげる。
③　子どもは声と笑顔から働きかけ接近してくることを確認する（視覚と聴覚）。
④　さらにだきあげられることで前庭感覚・固有感覚・触覚で人との接触がいっそう実感される。
⑤　その結果情動が高まる。
⑥　歓喜の声をあげお母さんとまなざしを合わす（発声と表情としての運動）。

初期の人とのやりとりというプロセスにおいても感覚と運動は交互に用いられ、その繋がりの重要性がみてとれる。

このようにⅡ水準の感覚運動水準においては、頻繁とはいかないまでも、さまざまな形式で感覚が使われ運動の自発がみられるようになり、感覚と運動の初期的な繋がりがつくられる。手や物を口で確かめる行為は触覚的確認であり、手の使われ方も、触る、ひっかく、叩く、つかむ等の操作的な運動が自発する。ただしその際の姿勢保持の仕方は大変重要である。手を使いやすくするための姿勢が保持されないと、手は前に出ないので、一見物に興味がないかのようにみえてしまう。

【事例7－1】座位姿勢が不安定で、手が使われにくい子ども
　重度の発達遅滞児であるｊくんに、机のない状況で椅子に座って目の前に金属棒をつるし触れて音を出す教具を提示する。手で触れて音を出すことは好きなのだが、手は前に出ない。よくみると右手を椅子の座る面につけて姿勢を保っている。座位姿勢が不十分で姿勢安定のために手が使われてしまう。しばらくするとの教具の下の木枠に左の肘をつけ、それによって姿勢を保ち、右手で金属棒に触れ音を出す。それまで椅子につけていた支え手としての右手は離れている。次に、机上でこの教具を提示すると、今度は両肘を机につけて姿勢を支え、両手で金属棒に振れ、音を出している。前の設定より積極性がみられる。

この事例は、手を使うための姿勢づくりが大切であることを示唆している。

手足という身体を玩具にした、循環的自己刺激的な運動もみられるようになる。これはある意味では覚醒レベルを一定程度ひきあげる、あるいは自らを興奮させることに貢献しているが、一方では外界との相互作用を遮断しやすいともいえる。

(2) 運動表現の静止の意味

目からの情報入力は苦手なことが多く、みえていたとしても漠然とながめているかのようでわかりにくい。それと比べれば耳からの受容は少し受け止めやすい。とくに音をジッと聴くことによって、それまでの動きが静止する、あるいは目を端に寄せるといった様子が観察され、聴覚で受容していることが確認される。振動刺激や触覚刺激の受容でも同様に受容時に動きが止まることを観察できることがある。その心理的意味は、感覚（とくに目や耳）を使おうとすれば運動は起こさない。運動を起こそうとすれば感覚（とくに目や耳）は逸れやすいということである。その点ではⅠ水準（感覚入力水準）の子どもとも共通性がみられる。

(3) 複雑な刺激入力は混乱しやすく、他の刺激に振られやすい

通常我々は同時に複数の刺激を入力させて処理することができるのだが、発達初期にいる子どもたちほど、同時に複数の感覚器官に刺激を入力させると混乱しやすい。聴覚受容はもちろんのこと、触覚受容や視覚受容においても、受容が高まると動きを止めてしまうという行為が多くみられ、入力される刺激は慎重に提供しなければならないことを物語っている。とくに目は、触覚刺激も聴覚刺激も含めて他の感覚刺激を入力すると、優先順位が交替し使われにくくなるという原則をふまえておかなくてはならない。

> 【事例7－2】ほめて拍手をしたことで、目が使われなくなってしまった例
> 　感覚運動水準にいるKくんは、手を使って音出しあそびを盛んにするようになり、やがて缶に玉を入れられるようになった。セラピストの筆者は、喜んで思わず拍手をして「よくやったね」とほめてしまうのだが、そうすると聴覚刺激にひっぱられて、手の動きは止まり目もあらぬ方向を向いてしまうことが多い。

　第Ⅰ層の子どもに対しては、こうした失敗の経験は数多くしてきたが、そのたびに刺激が複雑すぎたと反省させられる次第である。

(4) 事物操作を通した因果関係理解を高める

　認知の育ちのひとつとして、自分の行為とその結果との因果的な関連に気づきはじめることがあげられる。例えば、机を叩けば触覚と固有感覚に入力され、同時に叩いた音を聴覚で確認する。数回の試行錯誤的な経験によって学習され、今度は音を出すために、机を叩くという行為が行われる。こうした触れたり叩いたりすると音が出る、あるいは簡単なスイッチを押すと音が出たり光が出ることとの因果関係がわかるようになる。実際には手の操作性の発達（触れる→ひっかく→叩く）や教具自身が有する応答性の強さも考慮しなければならない。

　応答性の強さとは、操作をすると、音が出たり、動きがみられたり、光がついたりするといった教具自身が応えてくれる機能性をさす。子どもに伝わりやすい教具の応答性は、振動感覚→聴覚→視覚の順になることが多い（第19章図19－1参照）。ランプ等の光刺激が出る教具は一見派手だが、発達初期の子どもにとっては因果関係がわかりにくい教具である。応答性としては楽器の音の振動に触れることやバイブレーション等が最もわかりやすく（写真7－1）、次いで音が出るという応答性がわかりやすい（写真7－2）。とくに打楽器類は音の響き（振動）と並行して音が伝わるので、興味をもちやすい。スイッチ押

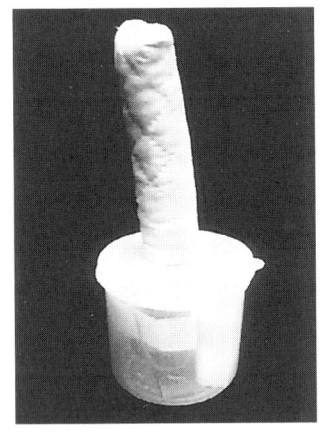

第 7 章　感覚と運動の高次化　第 I 層　99

写真 7 − 1
触れると振動を感じる教具
　多方向スイッチは棒状の部分に触れるだけで、内部のモーターが回り振動を感じる。

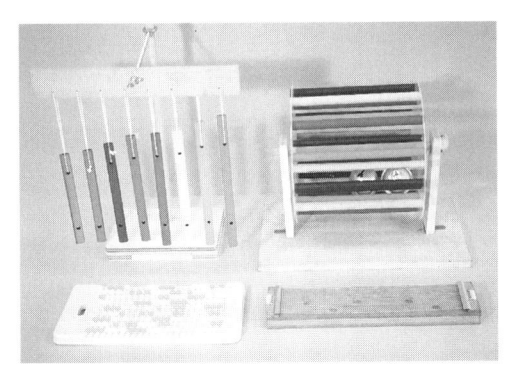

写真 7 − 2
触れると音の出る教具
　右上は触れると回転して中の鈴が鳴る。右下はドラムのスネアの部分を共鳴板にはりつけて操作がしやすくなっている。左上はパイプシロホンを分解してつるしてある。

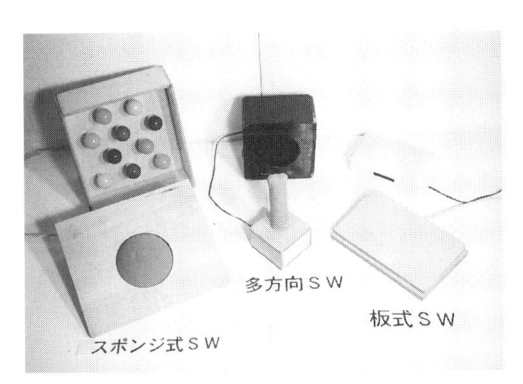

写真 7 − 3
スイッチ押しで音や光が出る教具
　各種スイッチによって、メロディーやチャイム音、光が出る教具。共通端子でどの教具も入れ替えが可能である。

写真7-4
目で追う教具1
　シーソー型の追視教具。両端を上下させると、歯車模様の輪がゆっくり回転して移動し、それを目で追う。

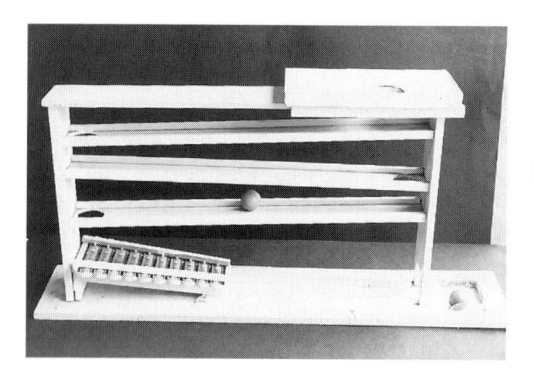

写真7-5
目で追う教具2
　玉が入りやすいように上部にアダプターをつけてある。ゆっくり転がりながら下方に移動できるような傾斜にし、最後に鉄琴を通過して音が鳴り止まる。

しによる電子音は難易度に差がある。音としてはチャイム音が喜ばれる。スイッチを押す、離すと連動してピン→ポンという音がわかりやすいからであろう（写真7-3右側）。いずれにせよ、行為と音が出ることとの因果関係の理解は比較的容易であり、興味を持ってくれることが多い。これに対してメロディや電子音は大人にとっては好まれやすいが、Ⅱ水準（感覚運動水準）の子どもには操作と音との因果関係理解が難しい。ブザーやホロホロチョウ等の電子音はその中間に位置する。写真7-4、写真7-5のようにゆっくり動く物を目で追うという教具も興味がもたれやすい。

## （5）終わりの理解の難しさ

　始点はつくれても終わり（終点）をつくったり意識することが、この水準では難しい。何かを見て移動しはじめるが終わりがなく、結局グルグルまわっていたりする。循環的自己刺激的行動が多いということも、終わりがつくりにくいことと関連しやすい。終わりが確実に理解されるのは、次のⅢ水準（知覚運動水準）のことが多いが、Ⅱ水準（感覚運動水準）にあっても終わりを意識できるような配慮が必要である。例えば、始まりと終わりのめりはりがついた係わりや、重い玉を缶に入れて音を出す等の、「入れる」という事物操作を通して音と触覚と固有感覚で終わりを意識することも大切である。

## （6）覚醒レベルが低いか、内に向かいやすい情動

　情動の高まりは、一般には、外界に意識を向け、人とのやりとりがしやすくなると考えられることが多い。初期段階にいる子どものばあい、例外もたくさんある。例えば情動のレベルが極端に低くぼんやりしているか（非覚醒）、逆に興奮し過ぎることも多く（過剰興奮）、中間の適正な情動レベルにとどまっていることは少ない。覚醒レベルが低く外界に向かいにくいともいえるし、一旦情動が興奮してしまえば、今度は外界を遮断して情動を内に向けてしまうこともある。

　臨床的な配慮としては、覚醒レベルをあげるように働きかけつつ、同時に上げすぎて混乱させないように、ときには鎮静化するよう働きかけることも必要とされる。中間の適正な情動レベルに向けることが目標とされるが、実際には難しいこともよく承知しておかなければならない。

## （7）受動と能動の交替によるやりとりの芽生え

　人とのやりとりの原点は、行為の始点と終点がつくられることにある。その始点と終点の芽生えが、このⅡ水準（感覚運動水準）でみられるようになる。大人から働きかけられると受動的になり、大人がみまもると能動的になる。受動と能動が交互になるとやりとりが成立し、関係の枠組みが芽生えてきたことになる。

【事例7－3】オートハープでの始点と終点
　感覚運動水準にいるℓくんは、オートハープの音色、弦の振動が大好きである。缶に玉を入れることがわかり始めた（終点の芽生え）頃に、筆者がピックでハープの弦をはじくと、自ら手掌を弦にあてて音の振動を感じ（受動）、筆者がはじくのを止めると今度は自分で弦を叩いたりひっかいたりする（能動）。再び筆者がはじいて音を出すと、手掌を弦にあてて音の振動を感じている（受動）。

　こうした受動と能動の交替によってオートハープ（写真7－6）を媒介としたやりとりが成立している。これは見方をかえれば行為の始点と終点が芽生えてきたともいえる。

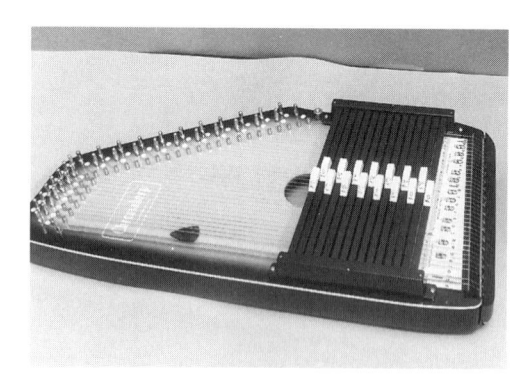

写真7－6
オートハープ
　右側の白いコードボタンを押しながら、ピックではじくとCやG$_7$といったコードが簡単にひける。発達初期の子どもにも響きや振動が喜ばれる。

（8）係わりの原則―シンプルで始まりと終わりを大切に―
　係わり方の配慮としては、Ⅱ水準（感覚運動水準）においてもⅠ水準（感覚入力水準）と同様である。つまり複雑な刺激よりもシンプルな刺激の方が入力しやすい。環境は整理されている方がわかりやすいし、係わり方もシンプルで始まりと終わりを大切にする方が伝わりやすいことになる。

## 3　Ⅲ水準：知覚運動水準

　Ⅲ水準（知覚運動水準）では、手を使った事物操作や粗大な動きを通して、徐々に目や耳と運動が繋がっていくことが大きな特徴である。それだけ目や耳が外界に関与しようとしはじめるといってよい。

（1）多様な始点と終点の確立と意図的・目的的行動
1）目的に向かって運動を起こし、達成を確認する
　手を使うにせよ移動するにせよ、行動系は終わりあるいは達成に向けて運動を起こす（始点）。そして達成されたらなんらかの形で終わりを確認して行為を止める。これは行動の始点と終点ができるということであるし、意図的・目的的行動が成立しはじめるということでもある。通常は目で終わりを確認しながら手の操作や運動を方向づけるということが多いのだが、もう少し厳密に考えるとするならば、以下のような始点と終点に分類される。

①　運動感覚による始点と終点
　　まず最初は触運動感覚によって探索しながら運動を起こし終えるという「運動感覚による始点と終点」があげられる。Ⅱ水準（感覚運動水準）の終わり頃から獲得しやすい始点と終点である。
②　聴覚による始点と終点
　　音楽が始まれば身体を揺すり、終われば止めるというような聴覚による始点と終点がある。この始点と終点も環境さえ整えば、比較的わかりやすいものである。
③　視覚による始点と終点
　　第三の始点と終点は目を使うものである。目で見て運動を起こし、目で見て運動を止めることであるが、前者の二つの始点と終点と比べると成立が遅いことが多い。それだけ視覚による始点と終点は、運動感覚や聴覚に

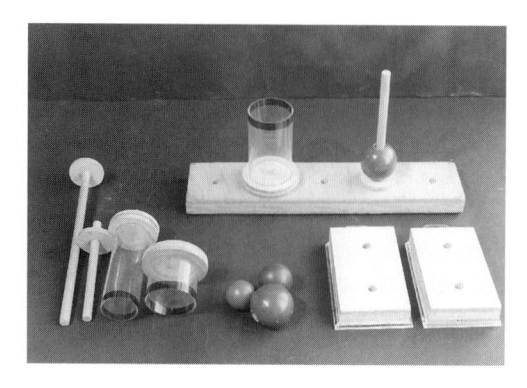

写真7-7
可変型の抜いて入れる教具
　木製の玉を棒から抜いて円筒に入れる。抜く棒の高さや入れる円筒の高さ・大きさが変えられ、両者の位置関係も変更可能で、多様なステップがつくれる。

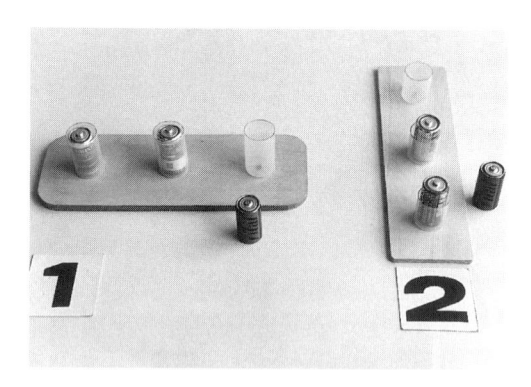

写真7-8
電池入れ
　フィルムケースをねじで板に留めると、単二の電池入れ教材となる。電池は適度な重量があり、発達初期の子どもにも適している。2の縦に入れる方がステップとしては難しい。

写真7-9
すべらしてはめる教具
　円盤の側面に溝が切ってレール状になっており、円盤をとれないように工夫されている。上方にスライドさせながらはめ板に入れる。はまると音が出る。

よるそれと比べると難しいということである。写真7－7、写真7－8のように穴を目で捉えて入れるとか、写真7－9のように終わりに向かってすべらしてはめるという活動が貢献する。

④ 関係性の始点と終点

最後の始点と終点の役割として、事例7－3で述べたような人とのやりとりにおいて、応じるときと働きかけるときの始点と終点があげられる。これを関係性における始点と終点と呼ぶことができる。ほめられて喜ぶということも、ある種関係性の終わりが成立したということになるが、これはⅣ水準（パターン知覚水準）の終わり頃からⅤ水準（対応知覚水準）に向かって成立する、予想以上に難しい終わり方である。

このように考えてみると多様な機能がある始点と終点は、いずれも行為の意図性・目的性を高めることに繋がっているといえるだろう。

図7－2は始点と終点の捉え方を整理したものである。上の図は感覚器の作用として捉えたものであり、下の図は機能的意味として捉えたものである。

2）始点と終点の連鎖化—行為を連鎖し（手段を繋げ）終わりに向かう—

始点から終点へという目的的行為が確立してくると、次はもう一つ先の終わ

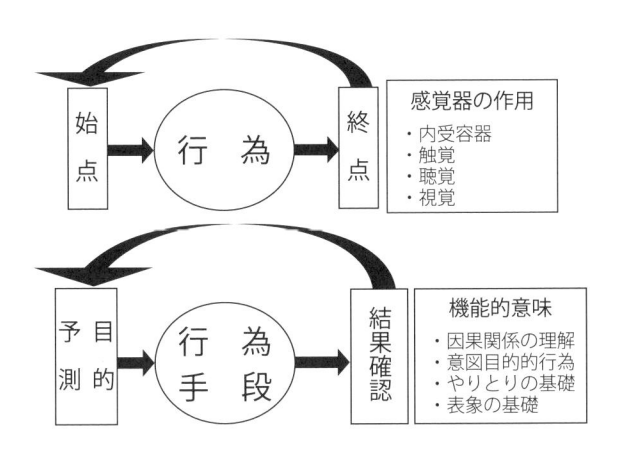

図7－2　始点と終点の捉え方（宇佐川, 2005）

りに向かって、行為を繋げ組み立てていくようになる。つまり始点→終点・始点→終点といった行為の連鎖化が行われる。終点に向かって運動方向をきりかえる、あるいは運動の連鎖が行われるといってもよい。前に出て行って、物を取って、自分の席に戻るといった具合である。これはタテ方向とヨコ方向という２次元的な空間が意識されはじめたということでもある。同様に行為を順序だてて手段を二つ繋げること、例えばボールを穴の上においてハンマーで叩いて入れるというように、手段１→手段２→結果（終点）といった手段の連鎖がしっかりしてきたばあいも、終点の連鎖化ということになる。

3）好き嫌いの芽生え

　意図的・目的的な行動が増え手段が繋がりはじめていくと、並行して好きなことと嫌いなことが自分の中に芽生えてくる。発達的には喜ばしいことなのだが、日常的には嫌だという意思表示、拒否が芽生えだすということになる。Ⅰ水準（感覚入力水準）・Ⅱ水準（感覚運動水準）での不快は、眠い、おなかがすいた等の生理的側面からの泣きが中心であったが、Ⅲ水準（知覚運動水準）では嫌だから泣くということが少しみられるようになる。

（２）物の永続性の成立

　好きなおもちゃで遊んでいるときに上に布をかけて見えなくすると、あっさり関心をなくしてしまう状態（Ⅱ水準：感覚運動水準）から、隠されたものを覚えていて布を払いのけて、再びおもちゃであそびだすようになる。こうした状態を物の永続性が成立したというのだが、ある意味では布を払いのける手段が身についたともいえる。いずれにせよⅢ水準（知覚運動水準）では物の永続性が確実に確認される。さらに二つの箱の片側におもちゃを隠しても、隠された箱をひっくり返してとりだすことも可能になる（２種位置記憶）。こうした行動はその場で瞬時的に事象を記憶として登録し、それが見えなくても覚えていておもちゃがほしければとりだすということである。あそびや生活場面においても、以前に経験した簡単な出来事を覚えていて反応することがみられる。例えばお母さんがテーブルを出すと、まもなくおやつがもらえることが予測でき

て喜んだり、犬を見ると以前吠えられたことを想い出して泣き出したりするという具合である。簡単な予測的行動が芽生えてきているといって良いだろう。

(3) 手の操作性の発達

手で物を操作するということも拡大し、Ⅱ水準（感覚運動水準）の「触れる、叩く、ひっかく、握る」といった段階から、「すべらす・押し続ける、さらにはバチで打つ、入れる・はめる」といった手の使われ方へと移行していく。とくに「入れる・はめる」という操作性は、その後の認知発達にとって重要な転換点となる。というのは、入れたりはめたりする面白さが育つと、事物への興味が拡大し、目の使われ方や因果関係理解にも多大な貢献をもたらすからである。

(4) 目と運動が繋がりはじめる

1) 目で見て運動方向を切り替える

好きなおもちゃとまったく関心のない物を選択させたときに、好きなおもちゃを見て手を伸ばす。これもごく初期のみわける活動であり、目で運動を調節する第一歩である。また目で運動の終わりを確認するということも、目で運動を調節していくことと繋がる。例えば写真7-10のような2方向スライディングブロックで、まず抜き取る側（終点）を目で見て、それからスライディング棒を見て（始点）つかみ、途中で止めて（終点）、再び方向を切り替えて（始点）スライディングし、終点で抜き取る（終点）。2方向のスライディングブロックが可能になるということは、縦軸と横軸という二次元の空間意識が芽生えてきたとも解釈できる。写真7-11も同様な課題である。

2) みわける弁別のはじまり

みわけるという弁別機能も、目で始点と終点を理解して運動を調節することに他ならない。例えば写真7-12のようなコインやビー玉を使った機能性のある入れ物の弁別を例にとって考えてみよう。まずビー玉をとるとする。感触や重さを触覚、固有感覚で感じつつ視覚でビー玉であることを確認し、次に向こうにある入れ物のビンを見て、入り口をみわけてビー玉の方に入れることに

写真7-10
多方向スライディングブロック
　とりだす位置（終点）を確認しながら、ノブ付の円盤をスライドさせて抜く。板を差し替えることによって、1方向から多方向へとステップが変えられる。

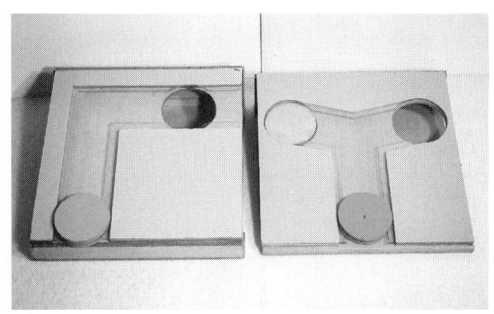

写真7-11
多方向スライディングはめ板
　写真7-9と同様なレール付の円盤を穴の開いている場所に、運動方向を切り替えながらスライドさせて入れる。円盤は穴に落ちると缶の音がして、終わりに気づきやすい。

写真7-12
入れ物弁別教具
　ビー玉はビンに入れ、ボタンはフタ付の容器に入れるといった、機能的に分類する教材。丸や三角のはめ板弁別よりも、はるかに弁別しやすく、興味ももたれる。

なる。みわける道具としては、はめ板よりもこの入れ物弁別教具の方が興味がもたれやすい。

3）パターン弁別の2種型はめが可能になる

　パターン弁別とは、子どもの側にひとつはめ板をおいて（選択項1）、向こう側に○△等の型はめを2種類おく（見本項2）。この程度の型はめであればⅢ水準（知覚運動水準）でも可能である（図8-1参照）。しかしみわけるとい

うよりは、はまらないと運動的手掛りに頼って別の形に移動させていくといった試行錯誤的な弁別になることも多い。

（5）耳と運動が繋がりはじめる
　耳で運動を調節しはじめるためには、音や音楽への関心、つまり聴覚入力への関心が必要とされる。例えば特定の好きな歌や曲ができて表情がなごむ。あるいは赤ちゃんの泣き声や金属音等特定の音を嫌がるといった、初期の聴覚の弁別力が育っていく。やがて特定の人の声かけで動いたり止まったり、音楽に合わせて身体を動かし止めるといった、聴覚による始点と終点が成立していく。これが耳で運動を調節しはじめる第一歩ということになる。

（6）人に向かう自己と情動
　認知が育ってきて事物の好き嫌いがはっきりし、拒否と要求が出現するということは、対人意識の育ちはじめとして、他者への拒否と要求となってあらわれるともいえる。一部の子どもたちは、母親など特定の人との関係の愛着や分離不安も起きるが、自閉症児を含めてⅤ水準（対応知覚水準）〜Ⅵ水準（象徴化水準）とかなり後になってから、母子の愛着があらわれるばあいも多い。
　基本的に人とのやりとりは、整理された場面で向き合って、始点と終点をはっきりさせた係わりを行うことによって成立する。
　この水準での情動はしばしば高まりすぎる。そして興奮状態に陥って混乱してしまう例も少なくない。高め過ぎないむしろ鎮静化へ向けたアプローチも重要であることは、すでに述べた通りである。

【事例7-4】口の刺激や触覚的自己刺激への固着が、発達によって減少した例
　養護学校の1年生に入学した重度発達遅滞のmちゃんは、物に触れることは可能だったが、手当たり次第口に入れてなめまわす。手を使って操作

することはほとんどみられない。目もどこを見ているのかわからないようなまなざしである。チラチラした物や揺れていたり光っている物をみつめることはできる。そこで、目で物を追うことや、目と手を使って物をとりだしたり、あるいは楽器を振ったり叩いたりして音を出す活動を積極的に行った。2年生になると、少しずつ目で追うことや、目と手を使って物を操作することも可能になりはじめ、缶にボールを入れたり、単純な操作で動いたり音が出たりするおもちゃが使えるようになってきた。箱に隠した物をとりだせるなど、行為と結果の因果関係理解がしっかりしてきた。身辺自立の面でも衣服の着脱やスプーン操作等でうまく手が使えるようになってきた。4年生の終わりには、手と目は、日常生活の面でも、物を操作してあそぶという面でも、いっそううまく使えるようになってきた。模倣や身振りサインの芽生えがみられ、並行して人への積極的な係わりもみられるようになった。1年生のときに頻繁にみられた口で物を確かめることや、触覚刺激へのこだわりは、非常に少なくなった。

　この事例は、目や耳を使って情報を捉えられるようになり、認知の育ちによって、手を使って物を操作したり、人と係わったりすることが可能になった。結果的に物を口に入れたり、触覚刺激にこだわるといった自己刺激的行動が減少したものと考えられる。同様に、みわけることやききとること、目と手を使うことがうまくなり、認知を含めてトータルな発達がみられるようになると、物や人に係わる力も育ち、自己刺激的行動も減少していくばあいがある。

# 第8章

# 感覚と運動の高次化 第Ⅱ層
## —知覚の世界—

　第Ⅱ層の知覚の世界では、目や耳で情報を把握できるようになり、それと繋げて運動を表現していく。目や耳の管理下におかれた運動の調節力、つまり視覚運動協応力や聴覚運動協応力も育っていく時期である。並行してみわける力やききとる力、つまり視知覚や聴知覚も発達していく。この時期を第Ⅱ層：知覚の世界と呼ぶ。第Ⅱ層にはⅣ水準のパターン知覚水準とⅤ水準の対応知覚水準の二つがある。

## 1　Ⅳ水準：パターン知覚水準

　Ⅳ水準をパターン知覚水準と呼ぶが、かつては貯蔵知覚水準（宇佐川, 1986）と呼んでいた時代もあった。どちらのネーミングがベストなのか、いまだに判断しかねるところでもある。いずれにせよ、パターン化が極端に強いあるいは貯蔵的な知覚が中心となる段階である。この水準は以下の二つの特徴であらわされる。

　ひとつは目や耳によって運動を少しずつ制御できるようになる。視覚・聴覚≧運動という図式であらわせる。Ⅲ水準の知覚運動水準と比べれば、より目や耳が先行して運動の方向を確認し、予測し、コントロールしていくということになる。もうひとつの特徴は情報処理がパターン的あるいは貯蔵的で固いことである。いつもと同じ行動様式を繰り返すことに固執しがちであり（その方が安心できるという意味）、新しい場面や人は苦手である。慣れない事態は予測がつきにくく、わからないために情緒が不安定になりやすい。固く固執が強いということは、好き嫌いも強いので嫌いという拒否行動やトラブルも多い。

## (1) 事物操作によって視覚で運動を調節しはじめるが大きな動きは逸れやすい

つまむ、積む等の手指の操作性も育ち、並行して目で調節する能力も育っていく。写真8－1のように木玉をハンマーで打って穴に入れたり、写真8－2のように三角形の向きを変えてはめたり、写真8－3のように徐々に目で手を協応させることがうまくなる。事物操作能力が拡大するということでもある。しかし強く叩く等手を大きく動かすと、まだ目から手が逸れることもある。移動等に際してもまず目で行き先（始点）を捉え、そこに向かって運動を方向づけ、調節して移動していくことが可能になる。段差を目で意識したり、階段降り等にも少しずつ目が関与していく。しかし運動が未調整なために、動きが荒々しかったり早くなったりもしがちで、その際の目は逸れやすく身体の調節に使われにくくなる。

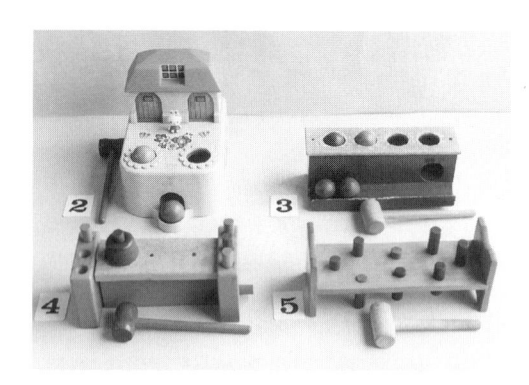

写真8－1
ハンマーで打つ玩具類
　ハンマーで打つ玩具はたくさん市販されており、2と3は転がって玉が出てくる。4と5は円筒ペグを叩いて入れると、出口に出てくる。視覚的な変化があることも興味がもたれる要因である。

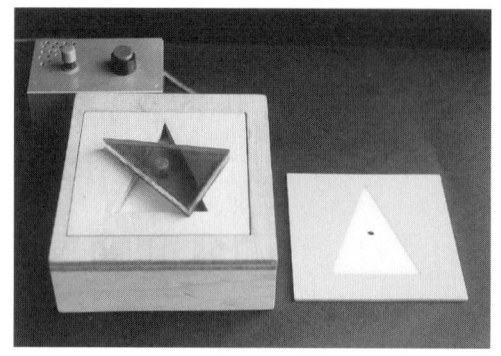

写真8－2
三角形の位置をあわせるための教具
　三角形の中心部分に回転軸としての棒が付けてある。はめこみ部分の支柱の穴に三角形をはめこんで回転させてはめる。左側の平面マッチング板にも変えられる。正解時には音や光のフィードバックがつく。

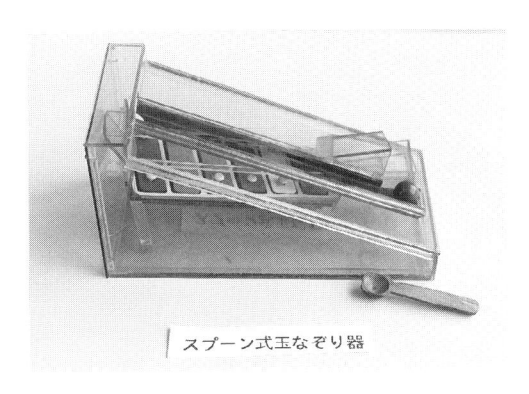

写真8－3
スプーン式玉なぞり器
　玉をスプーンで下からせり上げることによって、注意しつつ目でスプーンの動きが追えるように工夫してある。玉を上部の穴までもっていくと、鉄琴を通過して出口に出てくる。

スプーン式玉なぞり器

(2) 聴覚で運動を調節しはじめる
　音楽の終わりは確実に意識され、音楽の終わりで身体を止めることができる。繰り返された音楽のテンポであれば、時々合わせて叩いたり、行進したりすることができる。少しずつ音楽の変化を意識して、自己の身体や動きを合わせようとすることがみられるといってよい。

(3) 3種位置記憶の成立
　空間の認識としての一番大きな変化はタテとヨコの2次元的な面を意識できるということである。そのあらわれのひとつが3種位置記憶の成立である。我々の3種位置記憶とは、三つの箱のなかに一つの物を左か右の端に隠して（中央の位置に隠したものがわかることは偶発性が高いので行わない）、5秒後に確実に位置があてられるということである（写真8－4下側）。位置記憶の成立は、左、中央、右という三つの空間がよくわかるようになってきたということを意味する。並行して6種程度のはめ板の弁別が可能になる等、みわける能力も育っていくことが多く、空間の認識の質的な変化の指標として有効である。

写真8－4
位置記憶課題の箱
左上の箱は大きな具体物が入り鏡が蓋に付けてある。左下の箱の中に入っている物は、キラキラした回転盤で、注意力が持続しやすい。

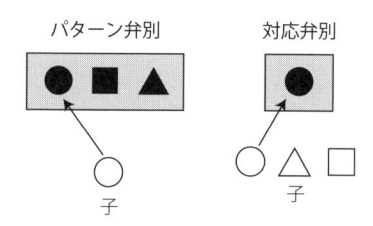

図8－1　パターン弁別と対応弁別

（4）みわける力が育つ―パターン弁別から対応弁別へ―
　位置記憶成立と相まって、みわける力も育っていく。筆者のいう弁別様式が、図8－1のようにパターン弁別から対応弁別へと変化していくのもこの頃である。
1）多数項のはめ板パターン弁別
　6種類程度の形のパターン弁別が可能になる（写真8－5）。手でとった形を見て試行錯誤ではなく洞察的にはめることができる。具体物同士のマッチングも可能になる。
2）多数項のカードパターン弁別
　カードとカードのパターン弁別も6枚程度なら可能である。
3）3種の対応弁別
　3種程度なら対応弁別も可能となる。対応弁別とは図8－1の右図のように

写真8−5
可変型はめ板教具
　はめ板が統一規格のサイズで作られており、自由に数や位置を差し替えられる。木製のはめ板は重量感を増すために中に鉛がはいっている。左上・下側の教具は、電子系の応答性を持つ。

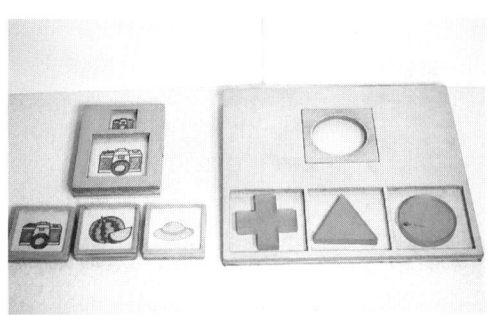

写真8−6
対応弁別教具
　左側は統一規格の絵カードを用いてマッチングする教具。右側も統一規格のはめ板を差し替えることで、対応弁別ができる。

子どもの側に複数の選択項をおき、向こう側にある見本項はひとつである。対応弁別で正解できるということは、相手を一度を見てから手元の選択項をみるということになり、物と物を見比べる力がついてきたということである（写真8−6）。

4）具体物による代表性の分類の学習
　色や形が少々異なっても「同じくつ」といった同一名称のもとで分類できることを、代表性の成立と呼ぶ。最もやさしい代表性の成立は、写真8−7のように、ミニチュアの具体物を使って同一名称で形の違うもの分類していく（赤い自動車も黄色いスポーツカーも自動車の箱に分類）形式である。はめ板が好きな子どもにとっては、写真8−8も有効である。こうした代表性の分類が可能になることと、ことばの理解（名称の理解）が芽生えることとは関連性が高く、我々の多くの臨床例でも確認されている。

写真8－7
具体物による代表性の分類
　ミニチュアの具体物を、透明な箱に入れて分類する方法がわかりやすい。最初の代表性の分類学習に適した教具である。

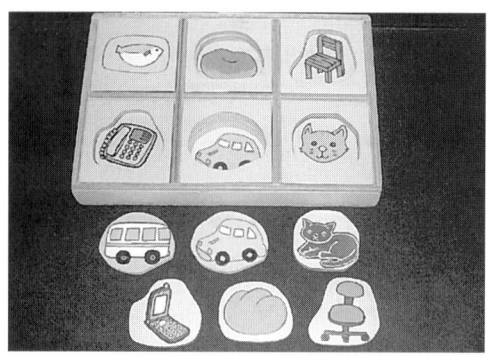

写真8－8
代表性の分類のはめ板化
　絵の内容が異なっている同一名称の物（椅子や猫等）を同じ箇所に分類してはめる。初期の子どもの分類学習として、動機づけが高い。ことばの理解のための基礎教材として貢献する。

5）絵カードによる指示理解の基礎

　Ⅲ水準（知覚運動水準）では、外出するときに靴を見せて大人の意図を理解してもらっていたのに対して、この水準では靴の絵カードを見て外出の意味が理解できるようにと変化していく。つまり具体物と絵カードとが同じ内容、意味をもつということが理解されるということであり、象徴性の第一歩がここにはじまっているともいえる。しかし一部の自閉的な子どもたちは、代表性の成立や絵カードの意味理解がうまくいかないばあいもある。子どもによっては写真8－9のように名称の絵カードをはめ板化したり、絵カードそのものも写真8－10のように切り抜き絵カード→背景なし絵カード→背景あり絵カードとステップ化することが有効である。

第8章 感覚と運動の高次化 第Ⅱ層　117

写真8-9
名称絵カードのはめ板化
　絵カードには関心を示さないが、はめ板には興味を示す子どものための、名称はめ板教具。

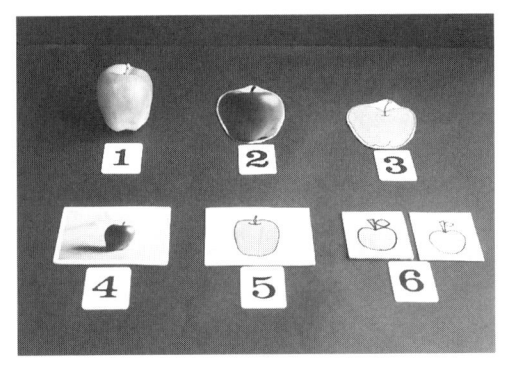

写真8-10
絵カードのステップ
　1は具体物、2は切り抜き写真カード、3は絵カード、4は背景つき写真カード、5は背景なし絵カード、6はシンボリックな絵と白黒線画である。徐々に抽象度を増したステップとなっている。

【事例8-1】物の代表性成立のつまずき
　ｎちゃんは、形や色、大きさの弁別対応といった視知覚弁別の面では象徴化水準の課題を達成できるようになった。パターン的ではあるが身体動作模倣や音声模倣もみられるようになった。ただしみたてあそびは全く関心を示さない。物の名称もだいぶ理解され、「〜とってきて」と言うと該当するものを取ったり、物を見て命名する場合もある。そこでｎちゃんに、物の代表性を成立させるための前提として、りんご（実物とそっくりの模型）とそのりんごの写真カード、車とその写真カード、電話とその写真カードをバラバラにして、各々対応して分類させようとしたが、うまくできなかった。ことばがではじめているのに、こんなことでつまずいているの

> かとびっくりした。よく調べてみると、同一の具体物と具体物、同一の写真と写真となら簡単にマッチングできるが、写真と具体物となると対応できなくなってしまう。要するに、具体物と写真とが同じものであるというつながりの弱さがあるのではないか、つまり象徴機能の形成にどこか弱さがあるのではないかと仮説された。何回か学習するうちに、具体物ときりぬき写真、具体物と写真カードのマッチングは可能になった。そこで、具体物、きりぬき写真、写真カードの三種を混合させて分類させると、再び混乱してしまった。約半年の月日を経て、絵カードでも形や色の異なるものでも、同一名称カテゴリー分類としてできるようになった。ここにきて物の代表性が成立したといえるが、興味深いことにそれと並行して、彼の持つことばがより実用性をなすようになり、対人的なコミュニケーションも増え、語彙数も飛躍的に増加したのである。

　こうした例は、自閉的な子どもに時々みられるが、やはりみたてあそびも苦手なことが多い。象徴化する機能に何らかのつまずきがあると仮説される。つまり物の命名が可能であるからといって、かならずしも物の代表性が成立しているとは限らないし、ダウン症児によくみられるように、ことばはなくても理解言語は育っていて、物の代表性がしっかりと成立している場合もある。したがって単に、発語の有無で安直に象徴機能を判断することは避け、象徴化のプロセスがどのように成立しているのか、みたてや模倣行為、三項関係の成立等も含めて、さまざまな角度から臨床的に検討していくことが重要ではないかと考えている。

6）二分割の合成や簡単な図と地の弁別

　二分割の○や△の合成や、2枚組みの簡単な絵の構成、写真8－11のような簡単な図と地の弁別等、より細かい視知覚弁別力も育っていく。

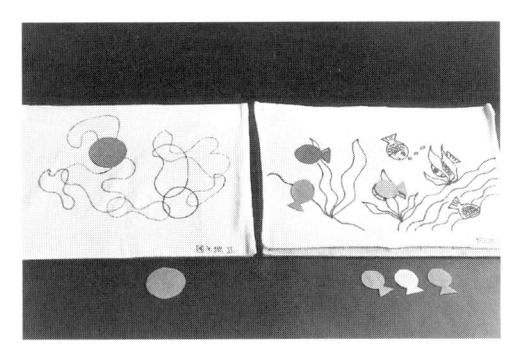

写真8-11
簡単な図と地の弁別
　ネル地に妨害刺激入りの絵を描き、パネルシアター用Pペーパーで切り取った図形を、「図」の部分に貼り付ける。

（5）パターン化した模倣の芽生え

　Ⅲ水準（知覚運動水準）までは模倣がみられない子どもも少なくない。とくに乳幼児期の障害児のばあい、模倣をどのように育てるか、という課題は重要である。模倣は認知的な発達であると同時に、人に合わせるという意味で関係性の育ちともかかわってくる。また身体を自分の意思で調節的に動かすという点では、身体自己像の発達過程ともいえる。模倣そのものの詳しい解説は第15章「模倣を育てる発達臨床」で述べるとして、ここではⅣ水準（パターン知覚水準）での模倣の特徴についてふれる。

1）一方だし模倣からパターン模倣の芽生え

　障害児が示す模倣のはじまりは、最初からスムーズにでるものではない。最初は繰り返し行われている模倣活動に対して、気が向いたときのみ一方的にでる模倣、「一方だし模倣」からはじまる。つまりいつも大人と一緒に合わせてやるということはなく、突然別の場所でいたって気ままに、繰り返された模倣活動の一部が産出される。この一方だしのサインは、まもなく模倣が増えていくという指標である。やがて繰り返されている模倣であれば部分的に大人と一緒に模倣できるようになっていく。この繰り返された模倣を一緒にできることをパターン模倣と呼ぶ。この段階では新しい型の即時模倣は産出しにくく、次の対応知覚水準まで待たなくてはならない。

2）身体接着型で既に習得された運動様式による身体模倣

　パターン模倣として獲得しやすい身体模倣の内容は、拍手、頭やひざに手をつけるといった身体に接着する模倣で、かつ日常的に習得されている運動様式である。逆に手を伸ばすといった伸展型の模倣は産出されにくい。したがってこの水準では身体接着型の模倣を中心に構成する必要がある。

3）発声可能な音素による音声模倣

　聴覚優位タイプの子どものように音声模倣の方が身体模倣より先に芽生える子どもも少なくない。このばあいは発声可能な音素を循環的に模倣することがしやすい。

（6）パターン化が得意な学習様式

　筆者らの臨床例からは象徴機能形成のための認知的課題とその達成というものが、考えていた以上に難しい課題であったという印象を持っている。最初できない内容が数回繰り返して達成できたとしても、それをもって象徴機能が形成されたと判断してはならない。繰り返せば知覚水準であっても、パターン的に十分習得が可能だからである。同一目的で異なる課題を豊富に準備して、課題をたくみにゆらしていかないと本質的な象徴機能の形成は難しい。自閉児のプログラムでも日常生活への般化の困難性ということがよく論議されるが、知覚水準から象徴化水準へ向かう子どもたちに対しては、固定されたプログラムを繰り返し、徐々にステップを上げていく方法だけでは、応用力はつきにくい。かえってパターンを強めることになりやすく、象徴機能の形成という観点からは成果があげにくいのではないかと考えている。やはり横に拡げるための幅広い柔軟な課題が必要とされる。

【事例8−2】象徴化水準の認知課題をパターン的に習得してしまう子ども
　ｏちゃんは以前からパターン的ではあるが知覚水準に達しており、少しずつ象徴化水準の認知的課題を導入しはじめた。歯ブラシと歯みがき粉、

> 長靴と傘、牛乳とコップ、包丁とまな板といった事物と事物の関係づけや、食べ物、動物、乗り物といった上位属性分類等の課題でも、当初はうまくいかなくても、数回実施するとできるようになってしまう。ところが課題をちょっとひねって、同じコップでも違う絵の内容のものに変えたり、牛乳をジュースに変えたりする等、分類する内容をいつもと変えたりするだけで混乱してしまう。繰り返すことによって学習されても、本質的なところで関係把握や上位概念が理解できていないことがわかる。

　パターン化が得意な子どもは、認知発達水準が相当レベルに達していなくても、高次な課題が一見できてしまっているようにみえる点にも、留意しなければならない。

## (7) 自己像と情緒の発達
### 1) 好き嫌いの拒否（自己と外界の区別）の拡大
　認知が育ってくるとともに好きなことと嫌いなことがはっきりしてくる。しかし興味の範囲はそれほど広くはないので、どちらかというと新しいものは受け容れにくく、嫌いなものとして拒否されやすい。この拒否の出現は、外界と自己とが区別されてきたということであろう。しかしパターン化が強いので、この時期の拒否様式は固く強い。係わり手としては比較的難しい対応をせまられる。
### 2) 不安の増加・新場面や自由場面は苦手
　パターン化が強いために拒否も強く、新しい場面や自由場面も苦手で、情緒が不安定になることも多い。情緒を安定させるためには、いつもと同じパターン的な場面を設けて、子どもにとってわかりやすくすることである。わが国の障害児支援では「繰り返しの重要性」が強調されているが、少なくともこのⅣ水準（パターン知覚水準）にある子どもにとっては、わかりやすくさせる一要因となる。パターン化の強さの意味は、わかりにくい不安な世界を避け、安定

させるために行うのだということも、よく承知しておかなければならない事柄である。

3）マイペースな世界から合わせる世界の形成へ

　拒否が強くパターン化も強いので、どちらかというとマイペースで他者に合わせることは苦手である。人とのやりとりや親和性も育ちにくいケースも多い。この段階で少しでも応じる世界や合わせる世界のおもしろさが伝えられると、その後の発展に貢献する。筆者が強調してきた方法は、子どもが好む教具を見つけ出し、それを活用して、子どものペースではなく大人のイニシアティブのもとで使うと、合わせる面白さが育ちやすい。教具の活用が、人とのやりとりに貢献するということである。

【事例8－3】分離不安を呈する子ども

　Ⅳ水準（パターン知覚水準）にいる自閉的な傾向をもつ3歳のpくん。センターでの療育開始から3ヵ月あまりは母親から離れることができなかった。集団の活動も個別の活動も母親とべったりで、2メートル以上は離れようとしない。一見母親への愛着があるかのようにみえた。3ヵ月たつと個別場面での分離が可能になり、4ヵ月目には集団場面でも分離が可能になった。しかしその頃になると勝手に動き回るようになり、以前より母親を意識していないかのようにみえ、母親の元へ戻ることもない。マイペースな面が強く前面にでてきてしまった。そこで大好きなはめ板を用いて、合わせる楽しさを心がけたところ、少しずつ柔らかさが育っていった。療育開始から2年たちⅤ水準（対応知覚水準）に達しつつある頃になると、療育が終わって母親と再開する時に、満面の笑みをあらわし頬ずりをしたり抱きついたりするようになった。ようやく愛着行動が成立したと感じた。

　この事例のように、母親との分離に強いパニックを示す子どもでも、最初は母親への愛着行動を示したということではなく、分離不安が解消されると、一

旦はマイペースな状態が強くなることも多い。療育を通して認知や自己像が発達し、合わせる楽しさややわらかさが獲得されてきて、ようやく（通常はⅤ水準：対応知覚水準かⅥ水準：象徴化水準以降）母親への愛着行動が確認される子どもも少なくない。

(8) 具体物や絵カードによる伝達手段獲得

　この段階の子どもたちが他者に意図を伝えようとしても、ことばの理解も発語も難しく、かといって模倣や身振りサインも十分でない。一番やさしいのはⅢ水準（知覚運動水準）でも用いた、大人の伝達意図を具体物で示し、やりたいことを具体物で選ばせることである。次のステップとして絵カードを用いた意図理解や伝達手段も利用できることが多くなる。コミュニケーション手段が使えるようになるということは、自己の行動を調節する上でも必要不可欠なことである。そういう点でも絵カードを活用した伝達手段獲得は、この段階の子どもにとっては重要な課題となる。そのステップとして写真8－12のように具体物のおもちゃと対応させてきりぬき写真カードをおいて、どちらかを選択して遊ぶ課題を設けること等が考えられる。

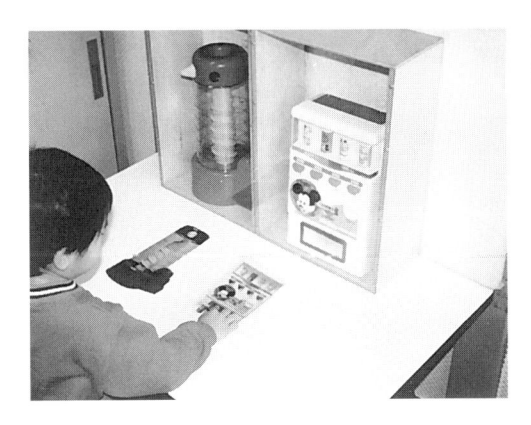

写真8－12
絵カードを用いたおもちゃ選択
　おもちゃを選んであそぶという活動。最初はおもちゃがみえる透明ボックスを叩いておもちゃを選ぶ。次のステップとしてきりぬき写真カードを指さしして、遊ぶおもちゃを伝える。

## 2　Ⅴ水準：対応知覚水準

Ⅴ水準（対応知覚水準）になると徐々に柔軟な処理ができるようになる。表象機能も芽生え、人にも物にも対応性を増していくという意味で対応知覚水準と呼ぶ。Ⅳ水準（パターン知覚水準）の認知様式の固さ、パターン化の強さ、拒否の強さと比べると、「やわらかさ」を増してきた子どもたちである。

### （1）目で運動を協応的に調節しはじめる

バラバラになりやすかった目と運動の関係がしっかりと繋がるようになっていく。手を使うための姿勢が安定し、運動を自発しても目が逸れにくくなったということと、認知的に目を積極的に使って手を調節しようとする意図（意欲）が育ってきたこと等が、成長の理由としてあげられる。

手先の操作性が拡大してくるので、事物操作に対する興味もいっそう拡が

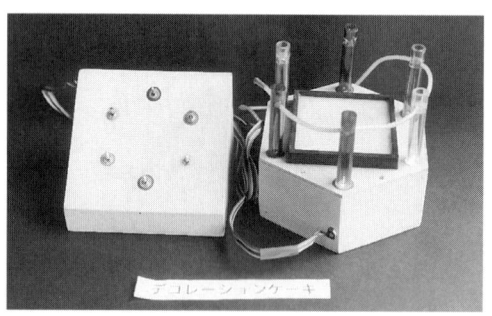

写真8-13
デコレーションひもとおし
　ケーキのろうそくにみたてた光がつく透明パイプに、ひもをとおし順次ランプを点灯させる。すべてとおし終わると中央に絵が映し出されメロディーが鳴る。

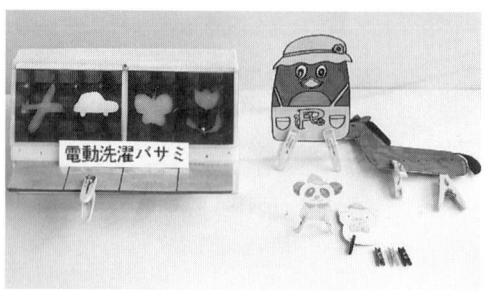

写真8-14
洗濯バサミ
　つまむという練習のために洗濯バサミを用いる。切り抜き絵を利用して足をつけたり、左側の教具は、板にはさむと電子音とランプがつくようになっている。

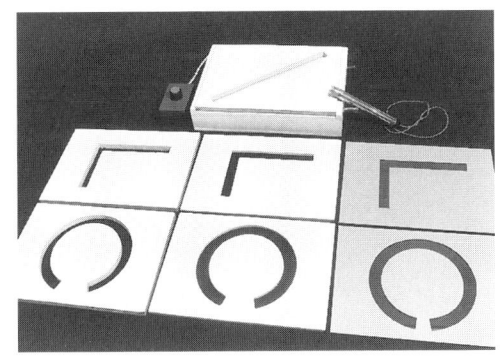

写真8−15
可変型溝つきなぞり教具
　みぞの部分をペンでなぞると、ペン先のライトがつき音が出る。なぞり板の差し替えによってステップを変えることが可能。下左側は深い溝板、下中央は浅い溝板、下右側は溝なしのプリント部分をなぞる教具。

写真8−16
図形の模写カード
　図形模写のステップ。数字が大きくなるほどステップとして難しい。

る。例えばビンのフタを開けてまわす、ひもをとおす（写真8−13）、洗濯バサミ（写真8−14）等、教具を利用して手を使う面白さが拡がる。目で手元を見て、簡単な予測をたてて事物の操作を行う。結果を触運動感覚以外の目でも確認していく。みる→予測→操作→目で結果確認というプロセスが成立し、徐々に目と運動が協応し、手の調節機能が育っていくことになる。
　同様に始点と終点の二点間をなぞるといった、なぞり糸の活動もできるようになる。溝板を棒でなぞる。直線をひいておいてその線上をなぞる等である（写真8−15）。L字型のような曲げられる線分のなぞりは、そこにシール等をはって注意を喚起する。Lのなぞりは、一旦止めて、角度を変えてなぞるという運動調節が必要とされるからである。模写も縦線や横線、丸等は可能となる（写真8−16）。

## （2）視知覚の高次化―みわける力の拡大―
### 1）指さし対応弁別やポインティングの発達

　Ⅳ水準（パターン知覚水準）で少しみられるようになった対応弁別がより高次化する。例えば図8－2、図8－3のように、指さし対応弁別からはじまって、対応弁別ポインティング、指さし－指さし対応弁別へと、対他者を意識した弁別様式が可能になっていく。

　図8－2右側の指さし対応弁別とは、大人が型はめのひとつの図形を指さし、それに応じて子どもは手元のはめ板のパーツをとってはめる。

　図8－3左側の対応弁別ポインティングとは、大人がパーツの図形を提示し、それを見た子どもは型はめの中の図形を指さす。正解であれば大人は図形を子どもに手渡し子どもがはめて終わりとなる。

　図8－3右側の指さし－指さし対応弁別とは、数種類のパーツのはめ板の中のひとつを大人が指さし、それをみた子どもが自分の型はめのなかから同じ図形

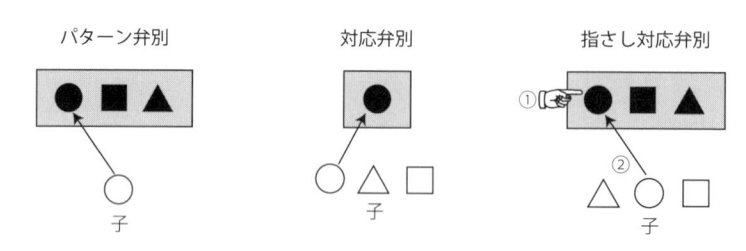

図8－2　合わせる弁別の発達過程1

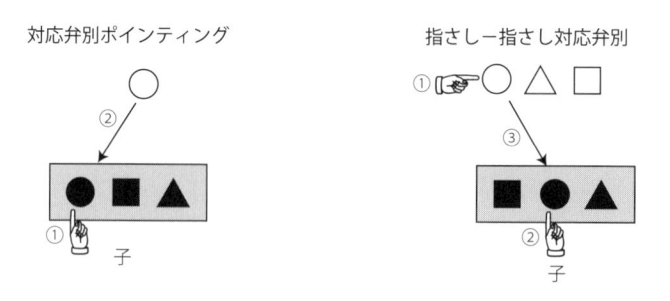

図8－3　合わせる弁別の発達過程2

を指さす。正解であればパーツのはめ板をもらってはめることで終わりとなる。
　このプロセスをみると、発達すればするほど他者の指示を理解して弁別するという形式へと変化していく。はめ板が大好きな自閉症児向きの方法論であり、見方をかえれば大好きなはめ板教具を使って、より他者に合わせられるようになっていくアプローチということになる。

2）三分割の図形の構成と3種位置把握

　目の使い方としては、視覚運動協応の力と相まって、いろいろな箇所に目を定位させてみくらべることが可能になる。例えば三分割の図形の構成や3種位置把握等の簡単な位置把握や分割課題等が可能になる（写真8－17、写真8－18、写真8－19）。

3）多様なみわける力の発達

　6種程度の事物のはめ板やカードマッチング、3～4種程度の大小の系列化等の多様な視知覚弁別力が育つ（写真8－20、写真8－21）。

写真8－17
下絵つき三分割の絵の構成
　あらかじめ下絵が差し込んである木枠に、3ピースで絵を構成する。

写真8－18
簡単な構成三角形
　上側は、下側のモンテッソーリの構成三角形をはめ板化したもの。絵の構成よりは若干やさしい。

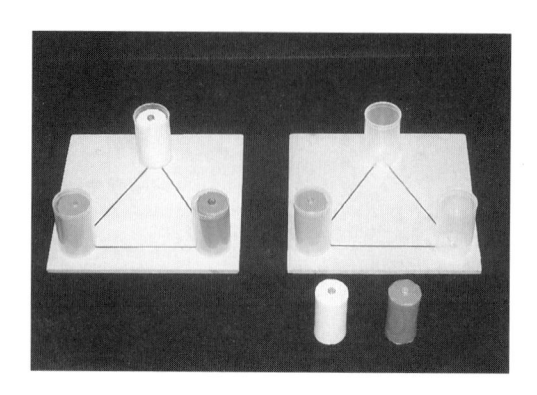

写真8-19
3種位置把握の電池入れ
　モデルと同じ位置に同じ色電池を入れる教具。位置把握教具としては最もやさしい。

写真8-20
大小を指示通り順番に並べる
　1ははめ板。2は凸型マッチング板で、突起部分と同じ大きさのアクリル円盤をのせる。3は平面マッチングで印刷された円に置く。アクリル盤を用いるので誤っても視覚的な訂正が可能。

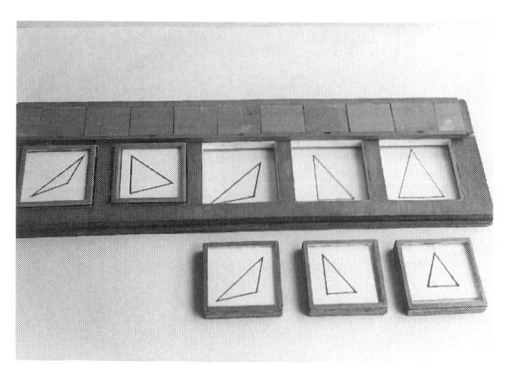

写真8-21
細部の図形弁別
　規格サイズのカードホルダーにカードを差し込んで、同一三角形のマッチングをする。

### 4）5種の位置記憶

　視知覚弁別能力の高まりと並行して、位置の記憶もいっそうしっかりしてくる。5種程度の位置記憶は成立しやすい。

　全体として目を意図的に使おうとするようになるということは、生活場面で目をうまく使って情報処理するということであり、それだけ状況理解や人への意識、コミュニケーションにもよい影響を及ぼすことになるといってよい。

### （3）耳と運動の協応

　Ⅳ水準（パターン知覚水準）以前は音をきくと動きがバラバラになりがちだったが、Ⅴ水準（対応知覚水準）では耳と運動の繋がりがしっかりしてくる。音楽に合わせて身体を動かすことはもちろんのこと、音楽のテンポや強弱、曲の変化の一部を聴きとって、調節しようとすることも芽生えてくる。

　言語理解が育ちはじめるので、大人からの言語指示に応じることも、Ⅳ水準（パターン知覚水準）よりは楽になる。

### （4）聴知覚の高次化―ききわける力の拡大―

　耳と運動の協応と相まって、ききわける、ききとるといった聴知覚の弁別能力も高次化していく。ことばの音韻の聴きとりもそのひとつであるし、特定の好きな歌・曲・リズム・メロディをよく聴き取って、知っていることが再認できたりする。隠して楽器音を鳴らして写真8－22のように該当絵カードをとることも、簡単な内容なら可能になる。視知覚の弁別力の発達と関連しながら、ことば（名詞・動作語）が理解されはじめる（写真8－23、写真8－24）。

　聴きわけた音やことばが理解されているかどうかの確認は、絵カードのポインティングが可能になることではっきりする。それが可能にならないと「○○はどれ」という指示内容に対して「わからなくて応じられない」のか「わかっていても合わせられなくて応じられないのか」判別がしにくい。ということは、筆者のいう対応弁別ポインティングが可能になるということと、ことばの理解

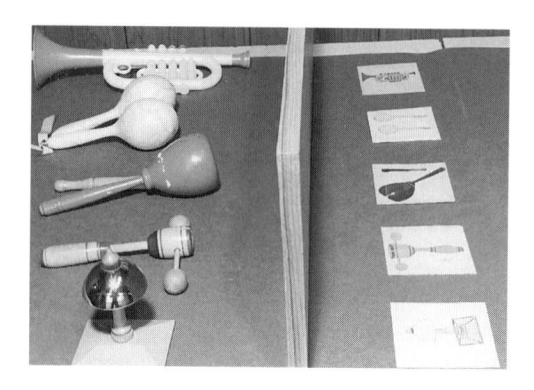

写真8−22
楽器当てクイズ
　みえないところでいつも使用している楽器音を鳴らして、該当絵カードをとる。

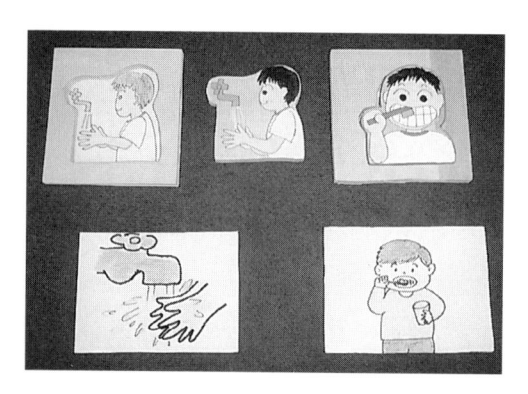

写真8−23
動作語はめ板
　下絵つきの動作語はめ板を利用することで、絵カードよりは動機づけが高い。「○○はどれ？」の指示でパーツを取って、はめ板に入れることで、終点ができ興味がもてる。

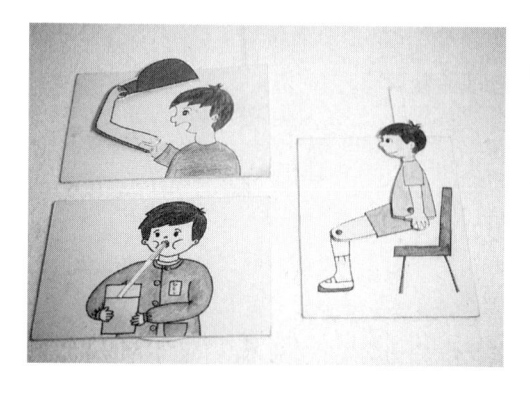

写真8−24
動く動作語絵カード
　空けてある窓の部分の絵が変化したり、身体の部位が動くように工夫した動作絵カード。

や音の聴きわけとは、不可分な関係にあるといってよい。

（5）繰り返された模倣活動の拡がり
　身体の模倣も、Ⅳ水準（パターン知覚水準）と比べると活発に産出されるようになる。繰り返されている模倣活動であればよく産出される。しかし目新しい模倣は出たり出なかったりで確実性はない。Ⅴ水準（対応知覚水準）であっても目新しい模倣はさほど得意にはならない。

（6）自由場面での能動性とあそびの拡がり
　あそびの面でも大きな変化がみられることがある。Ⅳ水準（パターン知覚水準）より以前の段階では自由度の高い場面は苦手で、課題場面のように構造化されている活動の方が能動性が高いのに対して、この水準に達すると自由場面でも遊べるようになる子どもが増える。模倣的なあそびや単発的なみたてあそび等の、象徴的なあそびの芽生えがみられ、それが自由あそびを拡げる要因のひとつとなっている。
　三項関係という視点からみても、あそびを媒介とした大人との相互的なやりとりがしやすくなってきて、大人の側から見ても一緒に遊ぶということが容易になったという印象をうけることが多い。

（7）合わせる力の育ちと相互的関係が成立しやすい
1）指さしや視線による意図理解と伝達
　指さし対応弁別や、対応弁別ポインティング、指さし-指さし対応弁別等が獲得できることによって、指さしの機能が発達し、大人からの意図を理解したり、自己の意図を伝えるという関係性が飛躍的に育つ。健常児ならば、はやくから成立するはずの視線の意図理解や伝達も、ここにきて確かなものとなることが多い。しかし一部の自閉症児にとっては、視線の伝達意図の理解は指さし機能と比べると難しいこともある。

2）絵カードによる伝達能力の拡がりと身振りによる伝達の拡がり

　Ⅳ水準（パターン知覚水準）で用いられた絵カードによる伝達手段は、より高次な表現まで可能となり、無発語あるいはことばが少ない子どもにとっては有効なものとなる。身振りサインや手話も少しずつ伝達性をもつようになってくるが、真に活用できるようになるにはⅥ水準（象徴化水準）まで待たねばならない。ことばを用いた他者への伝達機能は、発語がみられてもまだうまく育っていないことが多い。

（8）からかいの拒否が多くなる

　Ⅳ水準（パターン知覚水準）で好き嫌いの拒否が強かったのに対して、Ⅴ水準（対応知覚水準）になると、拒否そのものはいくらか柔らかくなっていく。それだけ対人関係が育ってきたということでもあるが、この水準の終わりの頃には「からかうという行為」も活発化していく。人と親しくする手段としてからかいが芽生えるのだが、やがてそれは拡大し、やりたくないことを回避する手段として用いたり、実習生やビギナーセラピストのように、何でもいうことをきく家来になるかどうかを、確かめる手段として用いられたりする。からかいの拒否そのものは、自己像の発達過程であり関係性のあらわれとして評価できるのだが、一方で誤学習として拡大しないように、教育的な「無視」も含めて「適切な距離」を保つよう心がけねばならない。

# 第9章

# 感覚と運動の高次化 第Ⅲ層
## ―象徴化の世界―

　第Ⅲ層になると目や耳は、より意図的に用いられるようになり、弁別する力も運動の調節力もいっそう確かなものとして拡がりをみせる。さらに、目や耳からとりこんだ情報を、頭の中に一旦しまいこんで、必要に応じてイメージとしてとりだしていく作業が行われはじめる。いわゆる表象が育つということになる。結果として人や物へ向かう力が飛躍的に育つ時期になり、発達の重要な節目となる。もちろんこれは、第Ⅰ層、第Ⅱ層の間に、触運動感覚による事物探索を通して、視覚運動協応や聴覚運動協応が育ち、視知覚や聴知覚が育った結果であることを、よく承知しておかなければならない。

【事例9－1】象徴機能の形成によって人や物との係わりが拡大した例
　中度発達遅滞児のqさんは、年少の3歳代から療育センターに通所しはじめた。当初はⅢ水準（知覚運動水準）にあり、模倣や発語はなく、マイペースで物や人への係わりの少ない、常同行動の強い子どもであった。1年後Ⅳ水準（パターン知覚水準）に達し、少しずつ大人に合わせて応じることができるようになってきたが、反面パターン化や拒否も強く、いつもと違う場面や慣れない場面では情緒不安定になりがちだった。発語はまだないがパターン的な身体模倣がかろうじてみられるようになり、事物操作への関心も増し、目と手の協応やみわける活動も少しずつうまくなってきた。4歳の後半にはⅤ水準（対応知覚水準）に達し、目と手の協応やみわけることは一段とうまくなり、身体模倣も活発化した。おもちゃを媒介として、大人となら三項関係的なやりとりを楽しむことができるようになっ

てきた。発語は2、3の単語しかないが、言語理解は高まり、言語指示で絵カードをポインティング可能となった。通所3年目の5歳代になるとⅥ水準（象徴化水準）に達し、象徴機能が一段と豊かになった。課題場面での知恵がいっそう育ってくるとともに、集団場面でも楽しくお遊戯をしたり、苦手だった自由あそびでも、ままごとごっこ等おもちゃを使ったあそびが盛んにみられるようになった。発語も一挙に増え、単語レベルではあるがコミュニケーションに活発に用いられるようになった。パターン化された行動や拒否も減り、情緒は安定し、大人とのやりとりは大変スムーズになった。

この事例のように象徴機能の形成こそが、生活力を豊かにし、人や物と係わることをいっそう拡大させる。象徴機能の形成は、障害児の認知・知恵を育てる視点として、最も重要な発達課題と考えてよいだろう。第Ⅲ層はこのⅥ水準（象徴化水準）のみの構成である。

## 1　Ⅵ水準：象徴化水準

（1）表象の世界の成立―象徴機能の形成―
1）直接的でない間接化された世界へ

　第Ⅱ層の知覚の世界は、みわけたりききとったりした情報に直反応していることが多かったのに対して、Ⅵ水準（象徴化水準）では、重要な情報を頭の中に表象（記憶）としてしまいこみ、必要に応じて動作イメージやことばとして産出していく。第Ⅱ層を「直接的な世界」と呼ぶのならば、第Ⅲ層は直接的でない「間接化された世界」へと転換しはじめる時期といえるだろう。
　別の観点からいえば、事物や行為を、別の文脈のものにみたてたり置き換えたりする象徴的な機能が成立するということでもある。例えばチョークを、お父さんが吸っているタバコにみたてて、吸うまねをするといった具合である。

本来意味するもの（チョーク）と違う文脈の意味されるもの（タバコ）に置き換える、という思考様式の拡がりがみられることになる。

**2）想い浮かべる・みたてる・イメージする**

　その結果、想い浮かべてことばや身振りで表現することが豊かになる。例えば、ポットから急須にお湯を注ぐまねをし、次に急須から茶碗に入れるまねをする。これはみたて行為を二つ繋げて、簡単な生活を再現するあそびであるが、イメージを拡げながら象徴あそびが拡がったことになる。

**3）ことば（社会的記号）の獲得**

　同様に象徴機能が育つことによって、事象を音声という記号に置き換えることが可能になり、ことばの理解力や表現力が豊かになっていく。しかし実際には、細かなプロセスでつまずきを示すことも多い。コミュニケーションとことばの育ちについては第21章「コミュニケーションとことばを育てる発達臨床」で詳しく述べる。

## （2）認知の育ち

**1）視知覚の弁別能力が育つ**

　視覚運動協応能力が高まることによって、視覚でより細かな運動を調節することが可能になる。並行してみわけるという弁別力もいっそうしっかりしてくる。視知覚の発達としては、6ピース程度の絵の構成、異なる3個の積み木を見本通り積む、2×3の位置把握（写真9－1）、三つの積み木でトンネルを作るといった積み木の構成（空間構成）、5種程度の大小の系列弁別（写真9－2）、複雑な図と地の弁別（写真9－3）等、細かい視知覚弁別能力も育ちはじめる。

**2）視覚的分類や関係づけ概念**

　ボールとバット、長靴に傘といった関係づけの絵カードマッチング（写真9－4）や、身に着けるもの・果物・植物・日用品といった4種の上位属性分類や概念づけの課題等が理解できるようになる。

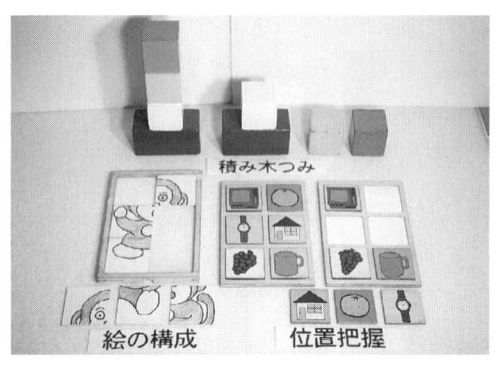

写真9-1
絵の構成・積み木つみ・位置把握
　細部視知覚を育てる主要な教材。積み木つみはモデルと同じように積む。位置把握もモデルと同じ位置に絵の板を並べる。

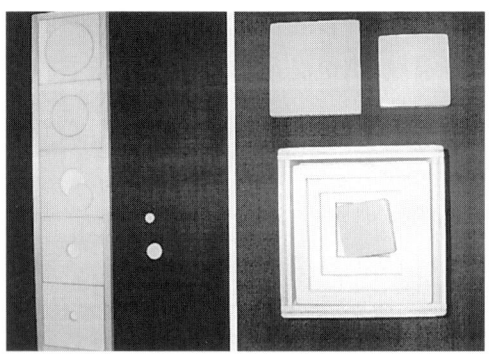

写真9-2
五種の大小を順番に並べる
　左側の教具は大小5種を系列順に並べていく。右側の教具は、木枠の中に、はめ板の外枠を小さい順に入れておくことによって、積み上げ式の系列弁別教具になる。小さいペグから順番にしかはめられない。

写真9-3
複雑な図と地の弁別
　ネル地に描かれてある複雑な妨害刺激（地）のなかから、必要な動物（図）を見つけ出してPペーパーでマッチングする。

## 3）二つのことを同時に覚えられる

　二つのことを同時に指示してとってくるといった2容量の記憶保持が可能になりはじめる。例えばお店やさんごっこで、「りんごとお菓子をかってきて」

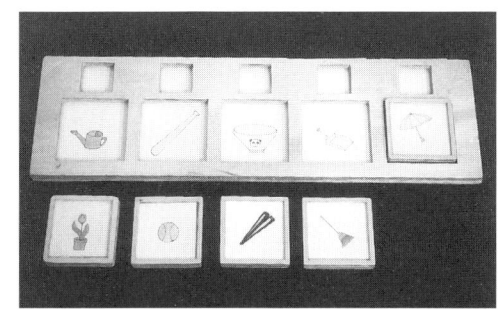

写真9−4
関係づけの学習
　傘に長靴、花にじょうろ、おはしに茶碗というように、関連のある絵のところへはめこむ。統一規格のカードホルダーを使用。

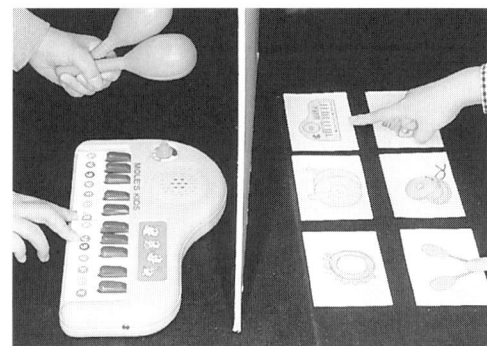

写真9−5
楽器当て同時提示
　みえないところで二つの楽器音を同時提示し、その音を聞いて該当絵カードを二つとる。

という指示通りにもってこられるとか、日常生活において「トイレのタオルをもってきて」といった、トイレとタオルという二つの条件が連鎖した指示にも応じられる（写真9−5）。

4）聴知覚の高次化とことばの理解力の育ち

　聴覚運動協応の高まりとともに、ききとる力も育っていく。ひとつはことばの理解の拡がりであり、30種以上の名称絵カードが指せる。切る、書くといった動作語や、「水を飲むとき使うのはどれ」といった用途指示理解の絵カード（写真9−6）も10枚以上は理解して指せる。簡単な語連鎖指示理解「うさぎがりんごをたべる」を聴いてミニチュアを指示通り動かすことが可能になる。要するに会話とまではいかないが、基本的な日常語の理解は進むということになる。

　音楽面での聴知覚も高次化し、よく知っている歌ならば、メロディーを聴くだけでも写真9−7のような該当絵カードがとれたりする。

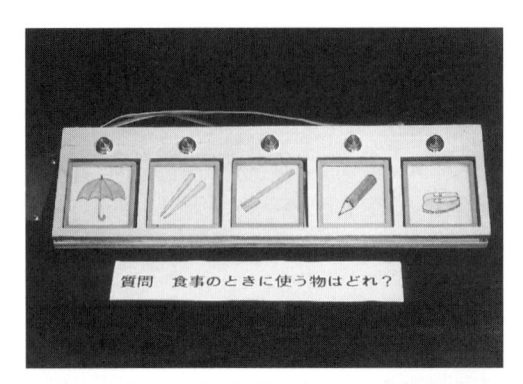

写真9-6
用途指示理解
「食事のとき使うものはどれ」という言語指示で、おはしの絵を押すと、正解時にはランプがつき音が出る。統一規格の絵カードが使えるポインティング機を使用。

写真9-7
曲当てクイズ用の絵カード
音楽でいつも使われ知っている歌の絵カードを、メロディーだけ聴いて弁別する。

（3）あそびの拡がり

1）自由あそびの拡がり

　あそびという側面でも、この水準で大きな変化をみせる。その最大の特徴は自由あそびが活発化してくることである。目的的なあそびを自分でイメージして、あそびの発展のために、いくつかの手段を繋げて遊ぶことが多くなるのである。当然のことながらあそびへの集中力も高まる。Ⅴ水準（対応知覚水準）までは、刺激に振られやすいとかあそびに集中しないといった、どちらかというと病理的要因として押さえられがちであったのに対して、Ⅵ水準（象徴化水準）でのあそびの集中と高まりは、認知発達としての象徴機能やイメージの拡がりによる影響力も否めない。

写真9−8
動作模倣板による模倣
　上肢、下肢の絵が差し替えられる動作模倣板をみて模倣する。

## 2）模倣の活発化

　自由あそびが拡がる第二の理由は、Ⅴ水準（対応知覚水準）で活発化しはじめた模倣（とくに視覚模倣としての道具操作模倣や身体模倣）（写真9−8）が、いっそう拡大しあそびの拡がりにも貢献することである。

## 3）みたてあそび・象徴あそびの拡大

　関連してイメージする力も育つために、自分で手段を想像したり発見して、みたてあそび、さらには象徴あそびが活発化していく（写真9−9）。

　みたてあそびの質的な高まりについては、隅田（1982）によると①脱文脈化、②統合化、③脱中心化という三つの要素があるとされている。

① 物を置き換える力→木片をお菓子にみたてるといった、現実にはない事象を他の物を代用して遊ぶ。脱文脈化とよばれる行為である
② ストーリ化する力→フライパンで炒めてから、皿にもりつけるといったように、行為を繋げて簡単なストーリーを作って遊ぶ。統合化と呼ばれる行為である
③ 他者になりかわる力→売り手の役を演じるといった役割を取得して遊ぶ。本人ではなくて、ぬいぐるみに変わりに演じさせるといった行動も、このカテゴリーにはいる。通常、脱中心化と呼ばれる行為である。

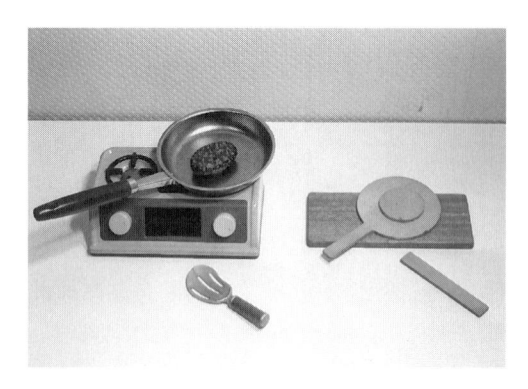

写真9-9
みたて行為のための遊具
　左側は具体物を用いてみたて行為をする。右側は木片でみたてるがイメージ力が必要とされる。

　みたてあそびがみられない子どもを丁寧に観察してみると。このどの要素に対してもつまずきがみられることが多い。筆者らの研究から見る限り、上記の三つの要因が統合されることが、次のⅦ水準（概念化1水準）でみられはじめる、ごっこあそびの原動力となる。

（4）発語の獲得
　発声・構音面に大きなつまずきがなく、第21章で述べられる解号化にも大きな問題がなければ、発語もこの象徴化水準で飛躍的に拡大する。イメージや象徴機能が豊かになることと関連して、みわけたりききとる力も育ち、両者が一緒に使われるようになるからである。しかし実際には、発語量は多いにもかかわらずコミュニケーションに用いられなかったり、喋っているわりには理解言語的にはわかっていない子どもも少なくない。したがって発語という問題は、象徴機能の発達、語の伝達性や言語理解力等とのバランスを考慮する必要があり、単純に発語増加量だけでことばの役割を考えるわけにはいかない（第21章「コミュニケーションとことばを育てる発達臨床」参照）。

（5）象徴化による外界の捉え方の変化
1）柔軟な対応が可能
　象徴機能が育つと、人への応じ方や物へのとりくみ方もやわらかくなる、と

いうのが一番目の変化である。おそらくそれまでの固いパターン的な思考様式から、徐々に別の視点を受け容れたり、新しい視点をもったりすることが可能になっていくからであろう。それが柔軟性を増すという印象を我々にもたらす。
2）状況を関連づけて理解しやすくなる。
　二つの状況を関連づけて理解することがうまくなる。結果として同一事態ではない代理的なものでも許せるようになり、適応力を増す。
3）生活に活かす応用力がつきやすくなる
　第Ⅱ層までは、課題として学習されたことが生活場面に活かしきれないこともあった。それが第Ⅲ層：象徴化水準になると、象徴機能の発展によって、柔軟な思考能力やおきかえが容易になり、徐々に応用力もついてくる。いわゆるこれを般化能力と呼ぶのかもしれないが、一方ではこの象徴機能という認知発達との関連性も考慮されてしかるべきである。


（6）自己像の発達
　象徴機能の育ちのもうひとつの重要な転換点は、自己像の発達にある。とくに相手を理解したり、相手に応じるという、相手とやりとりするという点において、自己像としてのやわらかさも育っていく。
1）イメージの共有が可能になり、大人という相手を理解しやすくなる
　象徴機能の発達によって、あそびにおけるイメージが共有しやすくなったり、表情や身振りから他者の気持ちを読み取りやすくなる。このことは当然対人関係の発展に貢献する。
2）やわらかさは、大人に合わせたり伝えたりすることを、容易にする
　象徴機能によるやわらかさの発達は、人に合わせたり、自分から伝える楽しさを育てる。
3）大人とならば対人関係も相互化しやすいが、からかいによる誤学習も起きやすい
　人に合わせたり、自ら伝える楽しさを容易にするために、大人との相互的なやりとりは持続しやすい。反面、Ⅴ水準（対応知覚水準）から芽生えてくる大

写真9−10
道具を用いた役割取得あそび
　乗り物を引く役と乗客の役割をとって、途中の駅で役割交替する。

人へのからかいが、係わり方いかんで固着してしまうこともみられる。適切な距離を保った別のポジティブな係わりになるような配慮が必要である。
4）機能的な道具を利用して簡単な役割を取ることができる
　乗り物や楽器等のように、役割をとる必然性のある道具を用いて、他児との交流を進める第一歩が形成されはじめる（写真9−10）。

（7）情緒の恒常的な安定
　Ⅴ水準（対応知覚水準）頃から情緒は安定しだすのだが、Ⅵ水準（象徴化水準）になるといっそう安定していくことが多い。象徴機能の発達によって以下の三つの事項が、情緒の安定に貢献するものと考えられる。
1）大人からの伝達意図の理解と、自己の意思表現拡大による安定
　最低限のコミュニケーションの方法が獲得されることによって、情緒は安定しやすくなる。
2）新場面での予測がつきやすくなり、場面への不安感が減少する
　第Ⅱ層までの子どもは、慣れない場面に緊張があり不安感をもたらすことが多かった。象徴機能の獲得によって、予測する力が増し、不安感が減少する。
3）大人とのやりとりの拡がりによる、安心感、信頼感の形成
　大人との相互的やりとりが容易になることによって、大人に対する安心感や信頼感が育ちやすくなる。

以上のように象徴機能が育っていくということは、外界の理解の仕方においても、コミュニケーションや対人関係のとり方においても、適応の面においても、情緒の育ちにおいても大きな変化を確認することができるのである。

# 第10章

# 感覚と運動の高次化 第Ⅳ層
―概念化の世界―

　象徴機能がより高次化してくると、頭の中で考えることも整理されてくる。つまりイメージの世界を概念化して、外界の理解を再構成し、外界への表出手段としても活用できるようになる。これを概念化水準と呼び、概念化1水準と概念化2水準を設けた。概念化水準の特徴は以下のようなものである。

① 視覚表象と言語（聴覚）表象との統合的処理がうまくなる
　これまでは視覚運動系回路と聴覚音声系回路の処理機能が、うまく統合されずアンバランスなことも多かったのだが、Ⅶ水準（概念化1水準）になると一緒に使うことがうまくなり、統合的な処理が可能になっていく。同様な観点から表現しなおすとすれば、同時的・空間的処理と継次的・時間的処理とが統合するといってもよい。これは主としてⅧ水準（概念化2水準）にしっかりしてくる問題である。

② 内言語を使って、柔軟に考えることができる
　目と耳が一緒に使われるようになれば、ことばの機能性も、外界との相互交渉の中で増していく。そのひとつが頭の中で内言語を用いて柔軟に考えることを可能にさせる。推理判断し、思考するという作業が徐々に確かなものになっていく。Ⅶ水準（概念化1水準）はその芽生えがみられ、Ⅷ水準（概念化2水準）になるとよりしっかりしてくる。

③ ことばでコミュニケーションすることがうまくなる
　ことばの機能性のもうひとつの貢献が、人とのコミュニケーションにことばをうまく用いられるようになることである。再三指摘してきたことだが、喋ってはいてもコミュニケーションに活用されにくいという問題が、

写真10−1
象徴あそびの活発化
具体的なイメージがもちやすいように、環境やおもちゃを整える。

ここにきて少しずつ解決されていく。特にⅧ水準（概念化2水準）においては、ことばによる日常的な会話が成立する。自分の意思もいっそう表現しやすくなる。
④ 文字・数という記号操作を通して考えることがうまくなる
　文字概念や数概念も少しずつ獲得されるようになり、より間接的な記号操作によって考えたり思考するという作業が可能になる。これも思考における飛躍的な転換点となる。
⑤ 象徴あそびやごっこあそびの活発化
　象徴機能がいっそう高次化し、イメージ表現の豊かなあそびが創造される（写真10−1）。それは日常生活や過去の出来事を再現することにもなる。またあそびの中でストーリーを発展させながら、役割をとって他児と協同的に遊ぶことができる。ルール理解も高まりゲームあそびも活発化する。
⑥ 集団における自己の概念ができること
　Ⅶ水準（概念化1水準）になると、集団の中における自己という概念が少しずつ芽生える。自尊心が尊重されないと、大人への強い反抗が示されることもある。筆者はこれを自我強調の拒否と呼んだ。自我強調の拒否は発達が高次化し、つまりⅧ水準（概念化2水準）になると弱まっていくことが多い。
　Ⅷ水準（概念化2水準）の時期に肯定的な自己概念が育まれればよいの

**写真10－2**
**お店やさんごっこ**
　ごっこあそびがしやすいような、お店の環境や具体的な商品を準備する。

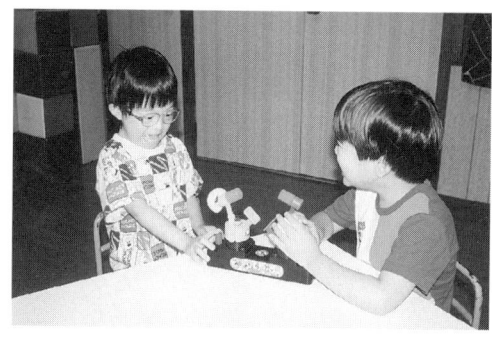

**写真10－3**
**道具を用いたゲーム的競争**
　ルールがわかりやすく操作が簡単なおもちゃが、子ども同士のやりとりとして使いやすい。

　だが、逆に劣等感が拡大し、二次的適応障害が生まれることがある。

⑦　役割意識と他児との協同化

　Ⅶ水準（概念化1水準）においては集団を意識できるようになり、集団の中での自分を意識し、役割をとって遊ぶことが可能になっていく。簡単なルールの理解やストーリー性のあるみたてあそびが可能になることによって、ゲームやごっこあそびに参加できるようになっていく（写真10－2）。

　競争意識も芽生え、最初は勝つことにこだわるが、勝ち負けや他児との争いの中での折り合いのつけ方も学習していく（写真10－3）。もちろん本人の自我能力や体力、認知能力等の差という側面も関係するために、不適応を起こすこともある。

　Ⅷ水準（概念化2水準）になると劣等感や優越感がみられる子どもも存在しはじめ、その調整を大人がしなくてはならない。いずれにせよ自己と

他児との関係が整理されていくということになり、協同的な活動が活発化し社会性が育つ。⑥の自己概念につまずきが生ずれば、他児との協同活動にも参加しにくくなり、社会性も育ちにくい。
⑧ 道徳心の芽生え
　概念が育っていくということは、集団社会におけるルールや価値も学ぶということになる。多くのばあい、親の価値観が反映されることになるが、集団での規範を理解しそれを守る第一歩としても、「概念化」は貢献していく。いわゆる道徳心が芽生えてくる。

以下認知・言語の側面に限定して、もう少し詳しく、Ⅶ水準（概念化1水準）とⅧ水準（概念化2水準）を解説しておこう。各水準に書かれている活動例は一例にすぎず、この課題を通過したことが、発達ステージの完成だとは考えていないことに、十分留意されたい。

# 1　Ⅶ水準：概念化1水準

## （1）概念化の成立

　Ⅵ水準（象徴化水準）においても上位属性概念として、果物や乗り物、動物として絵カードを分類していくことは可能だったが、ほんとうの意味での概念化が形成されたというわけではない。Ⅶ水準（概念化1水準）における概念化とは「複数のカテゴリーから属性や概念を見いだし、可逆的に別のカテゴリーで分類したり記号化する力」と捉えることができる。例えば、①赤いりんご、②緑色のメロン、③黄色いバナナ、④赤いスポーツカー、⑤緑色のバイク、⑥黄色い自転車という6枚の絵があったとする。まず果物と乗り物に分類させる。その直後に色で分類させても混乱しないで新しいカテゴリーで再構成できる。こうした頭の中で分類基準を柔軟にきりかえるという作業が、概念化の成立であると考えている。写真10-4のように、二つの属性をクロスさせて分類させることも、概念化の成立に貢献する。

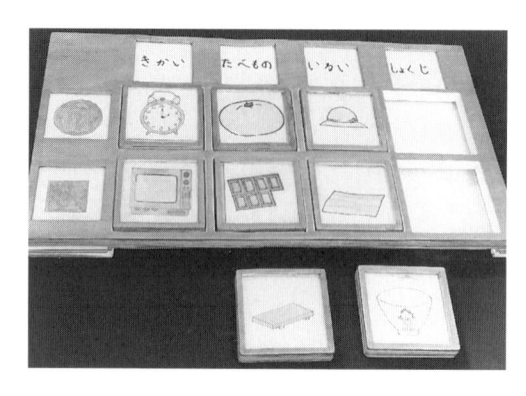

写真10-4
二次元属性分類
　丸と四角という形の属性と、機械や食べ物等の属性をクロスさせた2属性で分類。

(2) 細部知覚の高次化

　概念化1水準では、Ⅵ水準（象徴化水準）以上に細部知覚が発達していく。こまかな識別能力が育ちやすいということである。

1) 細部視知覚の高次化

　細部視知覚の一例として以下のものをあげておく。

① 10種系列弁別：大小が異なる10種類の円柱を順番にいれていく。
② 8枚以上の絵の構成：長方形ぎりの8枚のピースでひとつの絵を完成する。
③ 4個以上の積み木つみ：写真10-5のように、色もしくは形の異なる4個の積み木を見本の通り積む。写真10-6のような空間構成リングさしも同様の課題である。

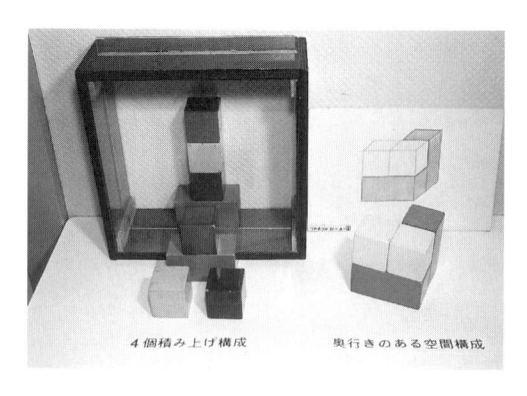

写真10-5
4種の積み木構成
　左側はアクリルボードで境界をつくった対面型の教具でモデル通り積み上げる。右側は絵から奥行きを理解して、絵の通りに並べる。

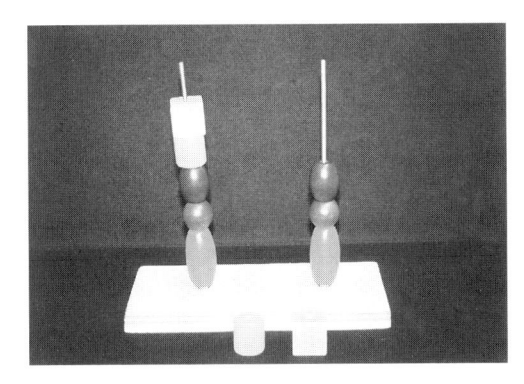

第 10 章 感覚と運動の高次化 第Ⅳ層　149

写真10－6
空間構成リングさし
　左側のモデルと同様な順番で、空間構成のリングさしを行う。

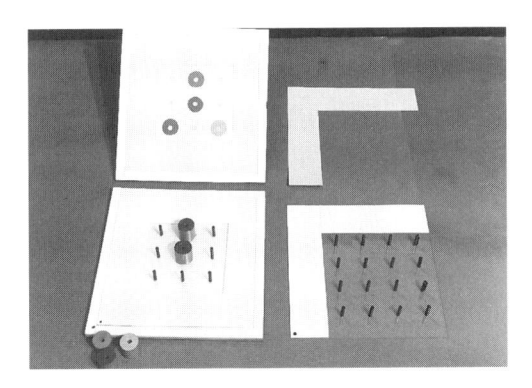

写真10－7
3×3位置把握課題
　上左側の図版と同じ位置に同色の円筒ペグをさす。右側は盤を差し替えると4×4の位置把握課題に変えられる。

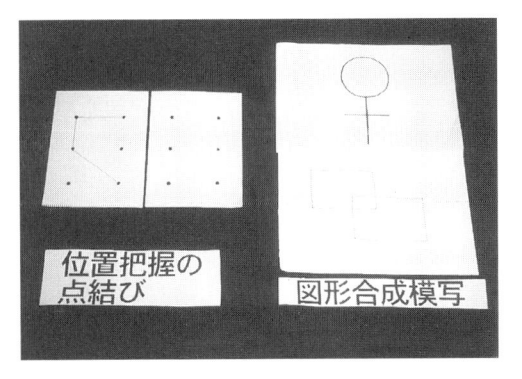

写真10－8
位置把握点線結びと図形合成模写
　左側は六つの点の位置をみてモデル通りに結ぶ。右側は二つの図形が合成されている模写。

④ 3×3位置把握：写真10-7のように、3×3のマトリックスになった盤にいろいろな色や形のペグをさしたものを提示し、別の3×3の盤に見本通りにペグをさす。写真10-8のような点線結びの教材も位置把握の課題と関連する。
2）細部聴知覚の高次化
　ことばや音等の聴覚系情報を正確に覚えていたり再生することを、細部聴知覚と呼ぶ。細部聴知覚の一例として以下のものをあげておく。
　① 2語文の模倣ができる。
　② 言語指示で三つの名称を覚えていて、該当絵カードがとれる。
　③ 隠れた場所で三つの楽器音を鳴らして、該当する楽器絵カードがとれる。

（3）全体知覚の高次化
　いろいろな要因を関連づけて理解することが全体知覚である。空間的な状況の関連づけとともに、時間的な文脈で意味を理解することも全体知覚のひとつである。Ⅶ水準（概念化1水準）においては細部知覚とともに全体知覚も育ちやすいということであるが、実際にはどちらかが苦手でバランスの悪い子どももいる。とくに自閉症児は全体知覚が苦手なことも多い。
1）全体視知覚の高次化
　全体視知覚の一例として以下のものをあげておく。

写真10-9
**全体視知覚の教材**
　左の絵は涙ではなく、走っているから汗とわかり、右の絵は背景が台所なので、指に怪我をしていると理解できる。

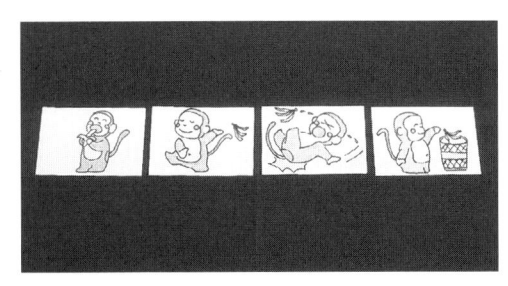

第10章 感覚と運動の高次化 第Ⅳ層　151

写真10-10
絵カードによるストーリー理解
　お猿さんが、食べたバナナの皮を捨てて、転んで、その皮をゴミ箱に捨てるというストーリーを理解して、順番に並べる。

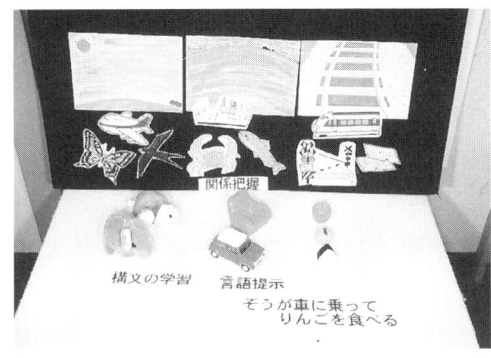

写真10-11
4語文理解と難しい上位属性分類
　上側は空、海、線路と関連させた属性分類。下側は4語文の言語指示によって具体物を操作する。

① 絵の2要因の意味理解

　写真10-9のように親指を赤くはらしているのはヤカンの湯気でやけどをしたと理解する。絵の内容から2要因をとりだして、関連づけて理解できる。

② 簡単な絵本のストーリー理解

　写真10-10のように3、4枚程度の絵を話の順番に並べてストーリーとして絵の内容を説明する。

③ 四つ繋がるみたて行為

　料理をつくるみたてあそびで、野菜を切るまねをして、フライパンに入れて炒め、皿に盛り付けて、「いただきます」をして食べる。

2）全体聴知覚の高次化

① 4語文の理解（写真10-11下側）

②　上位属性のことばの理解

　　絵カードで分類できるだけではなく、空を飛ぶものや植物、果物という上位属性のことばが理解できる（写真10－11上側）。

③　上下や前後の言語理解

（4）記憶の多容量化

　Ⅵ水準（象徴化水準）の頃から記憶容量は拡大していくが、とくにⅦ水準（概念化1水準）になるとしっかりしてくる。さまざまな活動をする際に複数の情報を同時的あるいは順序づけて（継次的に）処理する能力が拡大していく。それによって複雑な状況理解や複雑な運動・発語表現が可能となる。

1）三つの事象を覚えている

　三つの事柄を同時あるいは順序づけて覚えている。例えばお店やさんごっこで、りんごとチョコレートとコップを買ってきてと依頼して、三つ買ってくる。絵カード提示で依頼すれば視覚記憶になるし、言語のみで依頼すれば聴覚記憶、絵カード＋音声であれば視覚聴覚同時提示記憶ということになる。

2）記憶の多容量化で概念や言語が豊かになる

　記憶の容量が拡大すれば、それだけ概念化も豊かになり、言語伝達の方法も拡大していく（写真10－12）。しかし自閉症児のように記憶処理が得意なばあいは、逆に消去が難しくこだわりも強まり、強迫的な行為が目立つこともある。

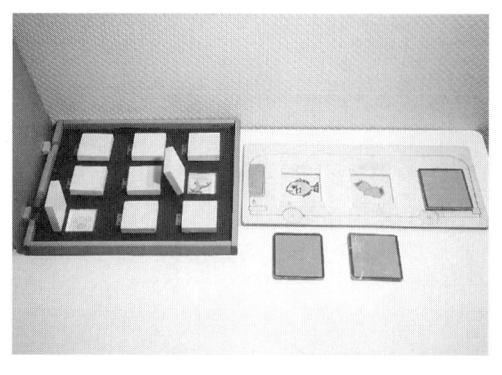

写真10－12
記憶多容量化のための教具
　2枚以上の絵カードを隠して、その位置と名称を覚える。

### 3）記憶の多容量化でつまずく要因

認知発達と比し注意・集中が困難な子どものばあいは、記憶の多容量化でつまずくこともある。その要因として考えられることは次のようなことである。

① 刺激に振られやすかったり、多動性が強いために、注意・集中が認知能力のわりに育ちにくい。
② 多容量記憶の際に、かならず頭の中でリハーサルし記銘する作業が必要となるが、その処理方略がまだ育っていない。
③ 表現系につまずきの強い子どものばあい、①②をクリアできたとしても、想い起こすという想起そのものの問題でのつまずきがある。自分で再生することが難しいのであれば、再認課題のように、何枚かの絵カードあるいは文字カードの選択肢のなかから正解を選ぶというステップが有効である（写真10-13）。

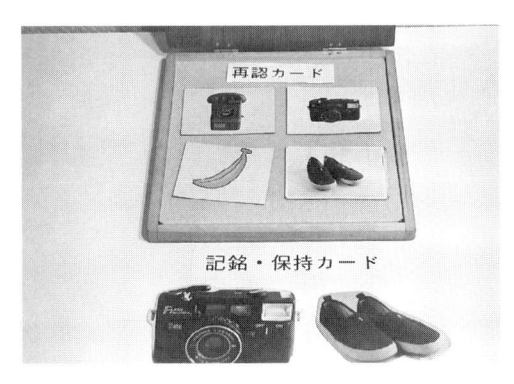

写真10-13
記銘保持と記憶再認カード
　下側の切抜き絵を提示してその名称を覚えさせ、提示物を取り除いた後に、上側のフタ付き盤を開けて、カードから再認させる。

## 2　Ⅷ水準：概念化2水準

（1）柔軟な概念化（概念の相対化）―絶対的概念から相対的概念へ―
　繰り返された内容を学習してパターンで概念を形成することは、さほど難しいことではない。自閉症児であればⅤ水準（対応知覚水準）ぐらいの子どもで

あっても、みかけ上は文字が読めて、加算が可能であったりする子どももいる。パターン化が得意であるという点が、一見高次な概念が形成できているかのように思わせる。実際には文章の内容は理解できなかったり、加算ができても、数の大小がわからなかったり、「りんごを半分にきるといくつ？」というような質問にも答えられなかったりする。要するに概念の柔軟な操作ができないために、本当の力になり得ていないということであろう。

　太田ステージ（太田他, 1992）にもある課題だが、大きい丸と小さい丸を比較させて大きい方をとらせる。ここまでは確実に正解なのだが、次に小さい丸をとり除いて、替わりにもっと大きい丸をもってくる。そこでどちらが大きいか質問する。正解は後から入れた丸の方が大きいのだが、前からある丸の方が大きいと答える子どもも少なくなかった。加算が可能な高機能自閉症児でもここでつまずくばあいがあった。一度「大きい」とラベリングした丸があると、それよりも大きな丸が登場しても概念を訂正することが難しくなる。つまり絶対化された概念は獲得しやすいが、別のものと相対的に比較することは難しい。お父さんのお母さんがおばあちゃんで、お父さんの兄弟はおばあちゃんの子ども、といった家族の上下関係の理解も、相対的な概念化に近い理解力が必要とされる。写真10－14の絵画類推も同様な課題である。

　概念の相対化とは、一つの概念と他の概念を相対的に比較できる柔軟な概念化の作業であるということができる。

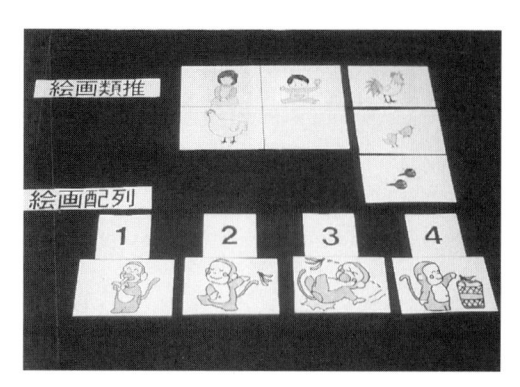

写真10－14
絵画類推と絵画配列カード
　上側の絵画類推カードとは、「お母さんと赤ちゃんでは、にわとりと？」で、その関係を類推してひよこの絵カードを選ぶ。下側は写真10－10と同じ。

## （2）言語伝達手段とことばによる思考

Ⅷ水準（概念化2水準）においてはことばの機能性の拡大がみられる。

### 1）2語連鎖から多語構文獲得へ

ことばの語連鎖が増え、多語構文が使えるようになっていく。最初は、質問に答えるより自分から発することばの方が、より語が連鎖しやすい。写真10－15は多語構文獲得のための教材例である。

### 2）質問にことばで考え、ことばで答える

質問に答えるということは、予想以上に難しい課題である。最初は「朝ごはん何を食べた？」といった紋切り型の質問からはじめて、徐々に柔軟な質問を増やしていく。比較的スムーズに答えられるようになるのは、Ⅷ水準（概念化2水準）に達してからである。

### 3）多語文を用いた会話が可能になる

ことばによる会話も、多語文で自由にやりとりできるようになるのはⅧ水準（概念化2水準）である。

いずれのばあいも、文字概念が獲得されていれば、文字ことばによる言語指導が有効である。聴覚音声回路に基づく話ことばは、すぐに消えてしまうので、うまく聞き取ったり記銘させたりすることが難しい。これに対して文字ことばは視覚的情報であり、消えないために繰り返すことも可能であり理解しやすい。

写真10－15
語連鎖構文の学習
主格のところ（お母さん）と目的格（りんご）のところを、カードホルダーで差し替え可能にした、三語連鎖構文の学習教材（天野, 1981の「言語形成プログラム」を参考にした）。

(3) 文字概念形成
1) 細部視知覚を確実に育てることが文字指導へ
　写真10－16のように、8ピースの絵の構成、3×3の位置把握、異なる4個の積み木つみといった細部視知覚の課題達成は、文字概念形成に貢献することがわかった（宇佐川, 1996）。逆に細部視知覚が育ちにくい子どもは文字習得が難しいこともよくわかった。読むことも書くことも細部視知覚の発達がうまく育つことと関連する。
2) 発達過程を無視した文字指導は般化しにくい
　繰り返しのパターンで、文字をかたまりとして学習することも少なくない。朝の会の出席どりで使われるクラスメイトの名前の文字は、顔と一致したりす

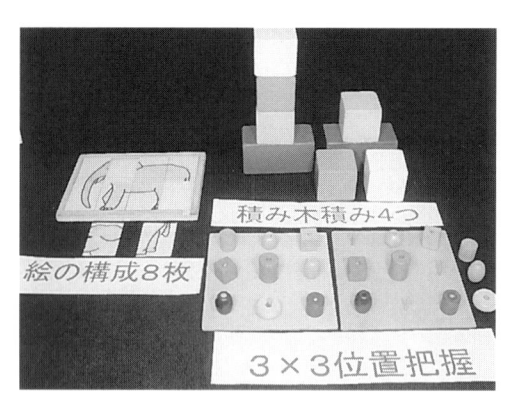

写真10－16
文字・数概念を支える基礎視知覚課題
　文字・数概念指導の前提となる基礎視知覚課題。

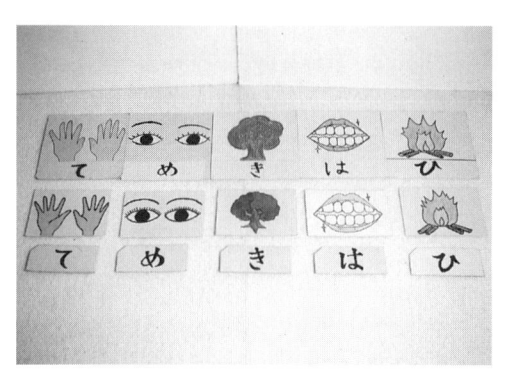

写真10－17
一音一句
　一音でひとつの絵をあらわすカードの例、かなの原則が学習しやすい。

る。しかし一文字ずつの分解は困難で、文字を利用したことばの指導への般化は難しいこともある。筆者らのばあいは写真10-17のように「て・め・き・は・ひ」等の一文字でひとつの単語となっている字（一音一句）の学習を第一段階とする。それで発声の音素と文字とが一致し、その後のことばの指導の補助手段として、ひらがな文字が活用できる。

3）文字概念成立：3音節単語を文字盤で構成可

　五十音が読めることだけでは、文字概念が成立しているとは考えにくく、少なくとも3音節単語を一文字ずつ三つ繋げて構成する程度の力が必要とされる。かたまりの文字が一文字ずつ分解・構成できることも、文字の成立条件のひとつである。

　文字概念の獲得は、ことばの習得に役に立つことが知られている。例えば発音の不明瞭さの改善、語の省略や語の置換の改善、構文の獲得、助詞の獲得等、文字学習が障害児の言語指導に及ぼす影響は大きい。問題は基礎的な認知指導のもとで、どのように系統的な文字指導が行われるかである。

4）文字指導のステップ

　① 一文字同士のマッチング

　　この課題は細部視知覚の問題なので、細部視知覚を高次化させることが基礎的な課題となる。

　② 一音一文字の学習

　　「て・め・き・は・ひ・と・え・け・ち・か・や」等、一音がそのまま絵で表せる文字の学習をする。基本的には一音で表されている絵の名称が言えることが望ましい。文字が一音を表す記号であるということを理解するための第一ステップである（写真10-17、写真10-18）。

　③ 2音節単語を一文字チップで合成

　　一音一文字という記号化の概念が理解できたところで、命名可能な2音節単語の絵を見て、一文字チップで合成する（写真10-19）。

　④ 多音節単語を一文字チップで合成

　　この段階でほぼ文字概念は成立したことになる。

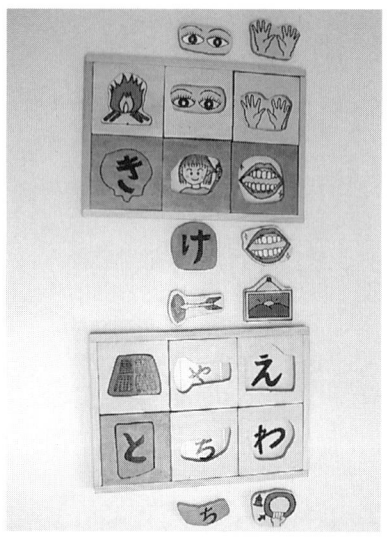

写真10−18
はめ板による一文字概念学習教具
　一音一文字をはめ板化した教具。絵の裏に文字が書かれており、絵に対しては文字を、文字に対しては絵をマッチングしてはめる。初期の文字学習には、大変役に立つ。

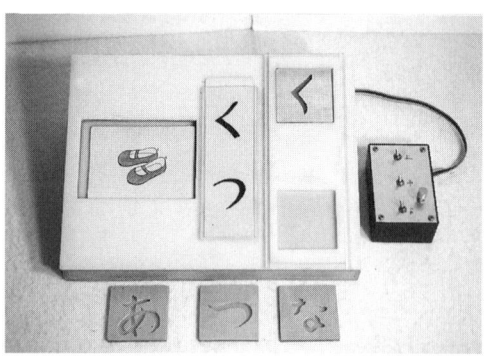

写真10−19
一文字チップによる二音節合成
　絵カードに対応させて、一文字チップで単語を構成する。難しいばあいは中央部分の文字カードを差し込んで、補助ヒントにする。

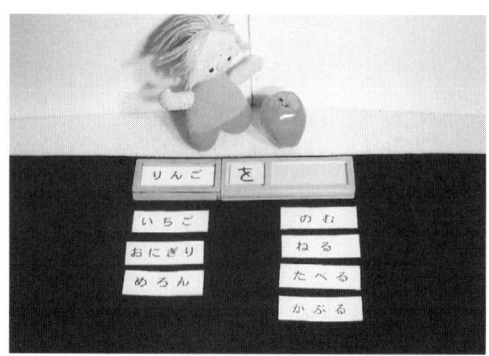

写真10−20
二語文の構成
　上側の具体物で演じてみせて目的語と動作語を文字カードから選択させる。助詞の「を」は最初から入れておく。

第10章 感覚と運動の高次化 第Ⅳ層　159

写真10−21
一文字チップを用いた
多語文の構成
　上側の具体物で演じてみせて、一文字チップで多語文を構成する。助詞は分離させた枠を使い、主語も目的語も述語も音節数にあわせた木枠を準備し繋げておく。

写真10−22
パソコンによる構文の学習
　タッチパネル式のパソコンを用いて、画面で演じられたシーンを見て、文字カードで構文をつくる。助詞は予め入れておく。

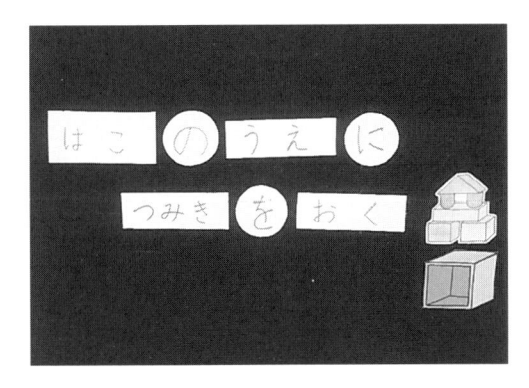

写真10−23
語の入れ替えによる構文の学習
　Pペーパーでつくられた文字カードで構成した文章を読んで、その内容をパネルの絵で演じる。「箱のうえに積み木をおく」と「積み木のうえに箱をおく」のように語順の入れ替えを理解する。

⑤　2 語文の学習

「ねこ・が・のむ」「いす・に・すわる」「りんご・を・たべる」といった、『が、に、を』の助詞を用いた 2 語文の学習を行う。助詞はあらかじめ枠に入れておいて、名詞と動詞の部分を単語合成カードにしておく（写真10－20）。

以下⑥多語文の学習、⑦重文の学習、⑧助詞の学習等を行う（写真10－21、写真10－22、写真10－23）。

（4）数概念の成立

1）細部視知覚を育てることが数概念形成の基礎となる

発達につまずきを示す子どものばあいは、数概念の形成は文字概念と比べると難しいことが多い。健常児のように数唱から自然に成立していくということは難しいらしい。彼らにとっては、空間という量の把握や順序性の把握という側面と、数唱とを、同時的に学習していくことが必要なようである。その点では文字学習と同様に細部視知覚の発達がその基礎となるが、より系統的な学習が必要とされる。従来の数の指導が数唱にこだわりすぎていて、多面的な数概念形成を必要とする子どもにとっては、つまずきがのりこえられないことも少なくない。

2）数概念成立：数唱しないで見ただけで瞬時に 3 まではとれること

この程度の視知覚的な把握能力がないと、数の合成分解や計算に支障をきたしやすい。

3）数概念指導のステップ

①　文字概念と同様なレベルの細部視知覚の高次化

写真10－16程度の基礎的な細部視知覚課題が成立していることが、基礎的要件となる。

②　量的系列化の学習

モンテッソーリの円柱さしのような、10個程度の大小の系列弁別が可能（写真10－24）。

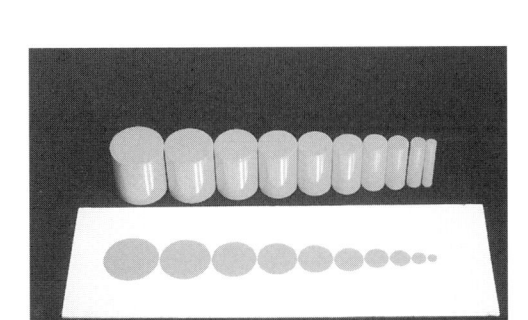

第10章 感覚と運動の高次化 第Ⅳ層 161

写真10-24
大小の10種系列弁別
　上側はモンテッソーリ法による色つき円柱。下側はそのマッチング板。

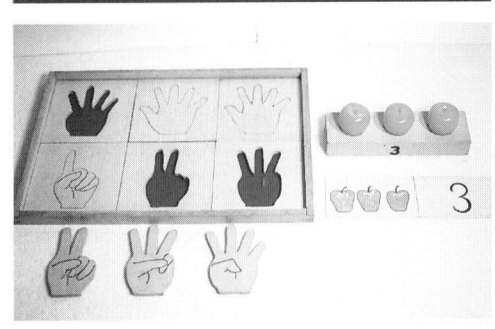

写真10-25
指数と数概念
　指数のはめ板を用いて、具体物や数字と対応させて学習する。指数で数を自覚することは、その後の数の合成・分解にとって重要である。

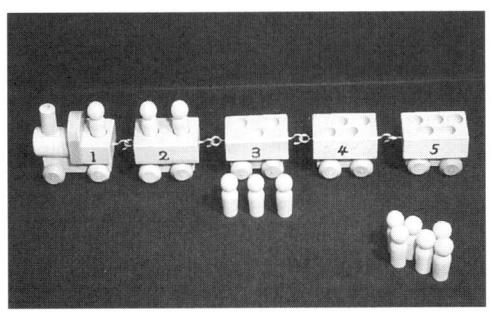

写真10-26
数概念汽車
　数字と汽車に乗る人数とを対応させたマッチング用汽車。

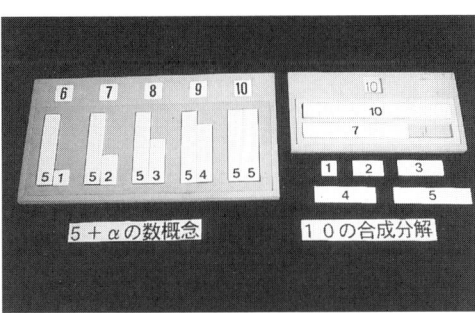

写真10-27
数の合成分解
　左側は5から9までの合成分解の教具、右側は10を合成分解する教具。裏側には数字と同数のタイルが貼り付けてある。

③　1〜3までの数概念と数字のマッチング、1〜3の指とのマッチング（写真10−25）。
④　4と5の数字と対応させて、数えながら4個・5個とり、その指マッチング（写真10−26）。
⑤　5を基数とした10までの数概念（例：5と2で7、その指マッチング）（写真10−27左側）
⑥　5の合成分解から10の合成分解へ（写真10−27右側）。
⑦　5までの加算→10までの加算
⑧　10を越える加算
　　・5〜9までの数と4以下の数を加えるばあい
　　　例：8＋3→この場合は8からスタートして、9、10、11と数えて加算をする。
　　・5以上の数同士を加えるばあい
　　　例：7＋8→この場合は7と8をそれぞれ5と2、5と3に分解して、5と5で10に、3と2を加えて15と計算する。基本的に加算も、指を使わないで頭の中で操作できるような指導法を考えることが望ましい。

（5）記号操作の学習のもつ意味

　記号操作の学習は、単に読める、書ける、数えられるといった行動的にできる部分だけに価値があるわけではない。文字・数という記号操作を通して、頭の中で間接的に概念化し考える力を養うところにも意義がある。抽象的な概念や推理判断するための基礎的な力を高めることに貢献するのである。臨床的にも文字や数概念が獲得されたことで、頭の中がクリアになったという印象を受ける子どもも少なくない。変に実用主義になり過ぎることは、人間にとっての概念化の本質的意義を見失うものになりやすいことにも、注意が必要である。

（6）抽象的思考の芽生えと考え、推理、判断する力
　ことばと柔軟な諸概念が育つことによって、徐々に抽象的な思考様式が生まれてくる。
１）頭の中で想い浮かべ、内言語をあやつり、考えを想いめぐらす
　まずはことばやイメージによって頭の中で想い浮かべながら、習得された内言語をあやつって考えたり判断する力を身につける。
２）抽象する力が育つ
　抽象する力を育てる基礎となる条件は、これまで述べてきたとおり４点に集約されるだろう。

① 　視知覚と聴知覚の高次化と統合
② 　象徴機能の形成
③ 　全体知覚と細部知覚の統合、概念の相対化と柔軟な概念化
④ 　言語概念の拡大と文字・数という記号操作する力の拡大

　こうしたさまざまな力が育つためには、発達の初期の階層から確実にバランスよく育っていくことが大切である。細かなつまずきが各プロセスで生じやすいことも事実である。それだけ抽象的思考の発達は、つまずきを示す子どもにとって難しい課題なのだといえるだろう。

# 第11章

# 感覚と運動の高次化からみたつまずきの理解
―障害の分類カテゴリー再考―

## 1 伝統的な発達障害の枠組みへの疑問

　障害児の心理学や教育学、あるいは医学においては、障害の分類を、視覚障害、聴覚障害、知的障害、情緒障害、運動障害、言語障害、重度重複障害といった七つに分けることが多い。ところが実際の子どもをみると、この分類のようにひとつの障害でくくられることは少なく、いくつかの障害が重なりあっているばあいが多い。それを学術的には重複障害ということばで、あっさり片づけてしまう。こうした伝統的な分類法は、生理学的な整理の仕方として一定程度評価されるものとしても、実際の発達支援や心理・教育指導にとっては矛盾をはらむ側面を持っている。運動障害児や視覚障害児の指導法の教科書の中に、知的障害を併せもつ子どもへの配慮が必要と記述されていることは多い。一見もっともらしい記述のようにみえるが、実際には運動障害を有さない知的障害児の指導法と、知的障害を有さない運動障害児の指導法と、併せもつ障害児の指導法について、どこをどのように配慮すればよいのか、具体性に乏しく混乱も大きい。

　障害児学の基礎的体系が、子どもの支援に貢献するという前提で展開されてきたことは重々承知しているつもりだが、一方で普遍化された障害児学の枠組みが、個々の発達支援としての臨床実践にうまく機能できていないのではと、筆者がかけだしの三十数年前から感じていた。障害名にそった心理行動特性を明らかにすることが、臨床的な対応に貢献できる「はず」であるという前提そのものが、いまひとつひっかかりを感じた。例えばひとくちに21型トリソミー

のダウン症児といっても、認知の発達の程度はさまざまであり、運動障害の点でも、自己像発達の面でも、あるいは自閉的な傾向、てんかんを有する子ども等さまざまな状態像をもっていた。ＩＱがほぼ同じで、よく喋るが手と目の協応は苦手なダウン症児と、発語はないが視覚認知が発達しているダウン症児について、対比的に検討したことがある（宇佐川, 1976b）。いわゆる普遍化されたダウン症児の特性理解よりも、個人内差的理解と発達プロセスにおけるつまずき理解の方が支援に直結しやすいと考えられた。当初からこんにちの原型となる問題意識はもっていたのだが、もちろん具体性には乏しかった。

　米国精神医学会 DSM‐Ⅳ（1994）や世界保健機構 ICD‐10（1992）に依拠した分類法をみると、障害はこまかく整理され分類されている。その判定の基準が明快で理解しやすいという点でメリットをもつものの、個々の発達支援臨床に対応しやすいかといえばやはり難しい。例えば広汎性発達障害児の特性は、健常児あるいは他の遅滞児と比べて行動がどう異なっているかは明示されるが、一連の行動特性が発達プロセス上のつまずきとしてどのように位置づけられているかは定かではない。分類基準にあるような言語コミュニケーションの欠如にせよ、想像力の欠如にせよ、常同的反復的行動にせよ、発達過程のどこでつまずいていることなのか、またどの発達要因が育つことによってそのつまずきがのりこえやすくなるのか、といった視点からの記述が必要なのではないのか。

　こうした障害学への疑問は、新たな子ども理解の視点や臨床方法の組織化を模索する動機となった。

　第３章で述べた「発達臨床的視点」、つまり発達の水準や、発達の全体性と個人内差の理解、発達的な意味理解による再構成といった視点が、この疑問へ立ち向かう糸口となったのである。そして第４章、第５章の子ども理解のための臨床方法や第６～10章までの感覚と運動の高次化発達水準の構築が、これから述べる発達プロセスからみた障害理解に繋がった。

## 2 発達プロセスからみた障害理解

　発達障害臨床のための発達プロセスを理解する視点として、感覚と運動の高次化の立場から、図11-1の入力から表出までの四つのプロセスが設けられた。プロセスIが感覚入力レベル、プロセスIIが知覚レベル、プロセスIIIが中核となる発達レベル、そしてプロセスIVを表出系レベルとし、矢印は下に向かう（宇佐川, 2003）。以下それぞれのプロセスと想定されるつまずきを考えてみよう。

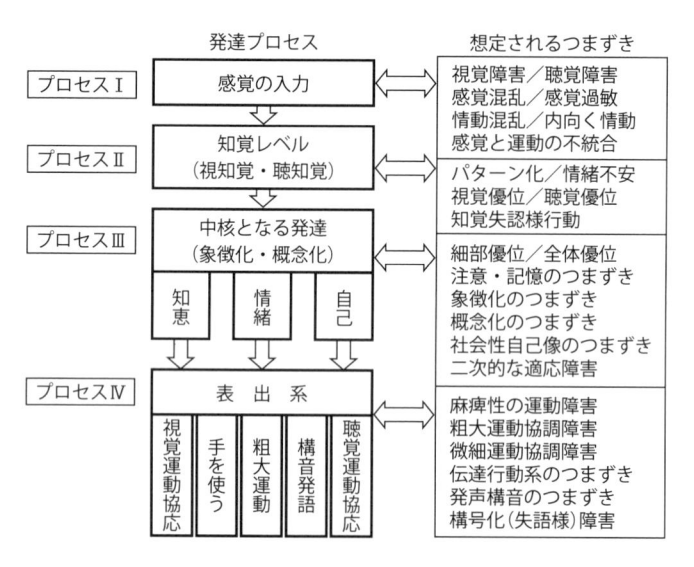

| プロセス | 発達プロセス | 想定されるつまずき |
|---|---|---|
| プロセスI | 感覚の入力 | 視覚障害／聴覚障害<br>感覚混乱／感覚過敏<br>情動混乱／内向く情動<br>感覚と運動の不統合 |
| プロセスII | 知覚レベル<br>（視知覚・聴知覚） | パターン化／情緒不安<br>視覚優位／聴覚優位<br>知覚失認様行動 |
| プロセスIII | 中核となる発達<br>（象徴化・概念化）<br>知恵／情緒／自己 | 細部優位／全体優位<br>注意・記憶のつまずき<br>象徴化のつまずき<br>概念化のつまずき<br>社会性自己像のつまずき<br>二次的な適応障害 |
| プロセスIV | 表出系<br>視覚運動協応／手を使う／粗大運動／構音発語／聴覚運動協応 | 麻痺性の運動障害<br>粗大運動協調障害<br>微細運動協調障害<br>伝達行動系のつまずき<br>発声構音のつまずき<br>構号化(失語様)障害 |

図11-1　発達プロセスからみたつまずきの理解

## 3 プロセスI：感覚入力レベルの発達とそのつまずき

　情報入力の最初のレベルを感覚入力レベルとした。感覚と運動の高次化理論でいえば、おおよそI水準（感覚入力水準）からIII水準（知覚運動水準）までの

子どもにみられやすいつまずきである。
　想定される基本的な障害は、まず視覚障害や弱視、聴覚障害や難聴等生理学的レベルでの問題があげられるが、その詳細は既存の障害学に譲る。ここではその他の感覚入力レベルで問題となりやすい点について述べる。

（1）感覚の過敏性
　最も顕著な問題は、聴覚や触覚、味覚等の感覚が極端に過敏であったり、あるいは感覚防衛反応が強くみられることである。例えば、抱かれることやスキンシップを嫌がったり、頭や身体を洗ったり着脱を嫌がったり等の、身体へ触れられることへの触覚系の過敏な反応、赤ちゃんの泣き声や金属音等特定の音や集団の騒がしさを極端に嫌うという聴覚系への過敏な反応、偏食が強く食生活が乱れるといった味覚、嗅覚系への過敏な反応等々、生活面においてさまざまな支障をきたす。他にも視覚系への細部のこだわり等の過敏な反応も存在するが、生活上の問題としては、他の三つと比べれば弱い。こうした感覚の過敏性については、大人たちは、好き嫌いという発想しかもちあわせないので、予想よりも気づかれにくい。そのために臨床支援の仕方が著しく異なってしまうことがある。

（2）覚醒レベルと情動の調節の問題
　覚醒もしくは情動系の意識が、うまく外界へ向かっていない状態像がみられる。例えば睡眠リズムが狂って昼夜逆転したり、薬の副作用で覚醒水準が極端に低いばあい等があげられる。前庭感覚・固有感覚・触覚への入力が不十分で、外界へ向かう姿勢や探索力が育ちにくかったり、逆に強い自己刺激的行動によって感覚が内に向けられ外界を遮断してしまったり、覚醒が高くなりすぎて興奮状態になり情動の混乱がみられること等も、視点として重要である。

（3）感覚入力と運動表出の繋がりにくさ
　第三の問題として、感覚器官から刺激が入力されることと、運動表出との繋

がりが極めて弱いということがあげられる。いわゆる感覚受容と運動表出とが相反した動き、不統合を示しやすいということになる。前庭感覚・固有感覚・触覚を通した外界への探索的行動が、自己の身体に実感としてうまく伝わっていないことも多い。また手や身体を使うと、それまでついていた目は逸れたり、動きを起こすと、耳からの受容はうまくいかなくなったりする。

例えば鈴を振って遊んでいるときに、背景として音楽を演奏すると、聴き入って振る動きを止めてしまい聴覚受容モードに入ってしまう。そこで背景音楽の演奏をやめると再び鈴を振り出す。この行動もまた感覚と運動とが統合しにくく、相反しているということに他ならない。

(4) 感覚入力レベルへの臨床支援の方略

視力・聴力等生理学的障害があるばあいを含めて、まずは前庭感覚・固有感覚や、触覚系の受容を高め、外界からの情報を自分の身体でしっかりと受けとめ、身体を通して外界へ働きかけやすくする。その際、適切な姿勢を保ち、触運動探索力を高めるために、教具や活動を工夫する。まずは行動や運動の始まりと終わり（始点と終点）が、身体で自覚できる（意識できる）ことを目標にする。その上で大人からの働きかけに応じて、意図的・調節的に手や身体を使って外界へ向かう力を育てることになる。

例えば、終わりをより意識するために、ビー玉をビンに入れる活動を行う。ビンの入り口に手首をあててビー玉を離すときに、触覚と固有感覚で第一の確認がなされ、ビンに落ちる音によって聴覚確認が行われる。さらにビー玉がビンに入ったことを視覚で確認することになる。こうした多感覚による行為の終わりの気づきによって、自分の行為の終わりを強く意識づけることができる。結果として意図的・目的的な行動が拡がる。

視覚や聴覚がうまく使えるようにするために、教具や活動を工夫することも大切である。例えば視知覚を育てるために事物操作活動を積極的に行う、場面の切り替え時やコミュニケーションの際に具体物・絵カードを用いる、聴知覚を育てるために音楽活動を行う等の、発達レベルに応じた活用の仕方を考える。

過敏性や覚醒水準への配慮として、強い刺激は人的・物的ともに感覚が閉ざされやすく覚醒水準も混乱しやすいことを理解していなければならない。そのために物的環境を整理し、係わり方も整理することが必要とされる。触れられたことを身体で気づき（定位し）、受容の範囲を拡げるこころみも大切である。

　またこのプロセスでは「もりあげる」系のアプローチが、情動を混乱させ失敗しやすい点にも留意しなければならない。興奮状態になってしまったばあいは、情動を鎮静化する方法を個々に準備しておく。例えば、整理された狭い静かな環境に戻す、動きを止めて静止させる、圧迫等の固有感覚に刺激を入れる、鎮静化しやすい音楽を用いる等である。

## 4　プロセスⅡ：知覚レベルの発達とそのつまずき

　感覚器官によって各種刺激や情報が入力され、その情報を登録しつつ心理的なレベルで処理するプロセスを知覚レベルとした。これは、感覚と運動の高次化理論でいうⅣ水準（パターン知覚水準）からⅤ水準（対応知覚水準）の周辺にある発達過程におけるつまずきや課題と考えられる。

### （1）パターン化しやすい知覚様式

　このレベルで顕著にみられることのひとつは、パターン化された知覚が強いために生じるこだわり行動である。いつもと異なる事態になるとパニックになり、情緒不安を呈することも頻繁にみられる。パターン化が強いということ自体は、認知もそこそこ育っている（感覚と運動の高次化理論ではⅣ水準のパターン知覚水準以降）が、広がりのあるイメージというほどの象徴機能は育ちにくく、固定された行動形態で安定しようとする。曖昧でわかりにくい外界にあって、少しでもわかりやすくさせるための「自らの」手段としてパターン化があり、安定を求めての行動であるということをよく承知しておかなければならない。

## （2）好き嫌いの拒否や要求の自発

　手を使っての事物操作能力が育ち、認知も育ってくるとともに、終わりに向かって行動を目的的に起こすことが可能となる。しかし興味の範囲は広くはなく限定的で、好きなものは限られており、受け容れがたいものつまり嫌いなものは多い。したがって嫌だという拒否もⅢ水準（知覚運動水準）と比べると強くなっていく。好きなことをしたいがために要求する行為も増える。

## （3）視知覚と聴知覚の統合のしにくさ

　知覚レベルの第三の問題として、視知覚と聴知覚とを一緒に使う処理が苦手、つまり統合して処理できないことである。どちらかというと視覚優位もしくは聴覚優位という状態像を呈しやすく、結果として生活上さまざまな支障をきたす。

　とくに聴覚優位タイプの子どもは支援上の問題が大きい。喋っているので一見認知も高いようにみられやすいが、実際にはことばはうまく機能せず、逆に目と手を使った動作的な活動も低いレベルにとどまっている。大人の側は喋る能力だけに注目するために、ことばの理解を含めてわかっていると勘違いしてしまい、できるのにやらない、意欲が低い、依存性が高いといった評価をくだしがちである。結局聴覚優位の特徴に合わせた適切な係わりが得られにくい。

　これに対して視覚優位タイプの子どもは、ことばの理解や発語系が他の認知発達と比べると遅れが目立つ。しかし生活に必要とされる視覚運動スキルは育っていて、活動には参加しやすいことが多い。

## （4）知覚失認様行動

　知覚レベルのもうひとつの問題として、発達性の知覚失認様行動があげられる。例えば聴覚失認であれば、純音の聴力検査は異常がなく認知も正常域に近いにもかかわらず、ことばの意味理解に著しい障害を示す。感覚失語あるいは受容性言語障害というカテゴリーもこの範疇に入る。視覚の失認であれば、視力には問題がなく、行動面から見て認知能力は高いにもかかわらず、図と地の

弁別障害や、半側空間無視のような特定の空間や図形を捉える能力に著しいつまずきを示す場合をさす。ただしこうした行動様式は、聴覚優位タイプや視覚運動協応のつまずきとも近似しており、安直な判断は避けなければならない。

（5）知覚レベルの臨床支援の方略

　まず強いパターン的行動や新しい事態への情緒不安に対しては、構造化されている場面で繰り返された活動を提供する。それによって予測が高まり情緒的な安定が得られやすい。一定程度の安定がもたらされたら、次に絵カード等の非言語的な伝達情報をあらかじめ用いることで、場面の変化に対する予測力を育て、不安な状態を軽減していく。また情緒の安定とともに、徐々にパターン化をはずす努力もしていく。整理された環境と係わりを提供しながら、予測力や折り合いのつけ方を学習することによって、少しずつ情動を調整することが可能になっていく。情動が低すぎず高すぎず適度な域に保つことへの配慮も忘れてはならない。

　視覚と聴覚の不統合、すなわち視覚優位あるいは聴覚優位タイプや、発達性聴覚失認様行動、発達性視覚失認様行動への対応としては、次のようなアプローチが考えられる。彼らのばあい、他者からのコミュニケーションや情報処理の理解への支障をきたすことが多いので、優位なあるいは確実に用いられる知覚を活用しつつ、苦手な感覚知覚に対する統合的アプローチを行う。目と手の協応を含めた視覚運動協応の活動、視知覚弁別能力を高める等の認知支援プログラムの実施と同時に、音楽療法的アプローチを含めた聴覚運動協応、聴知覚弁別系の認知支援課題を、子どもの発達状態に応じてうまく使いわけていくことになる。他にも基礎的な認知能力を高めるために、筆者のいう指さし対応弁別（第8章2節　図8－2参照）を育て、指さしの意図理解や合わせる力を高めたり、模倣能力や注意・記銘・保持・再生にかかわる基礎的な記憶力を育てることも、知覚レベルの課題として重要である。

## 5 プロセスⅢ：中核となる発達レベルとそのつまずき

　第三の発達過程のつまずきとして「中核となる発達レベル」とその障害が指摘できる。中核となる発達レベルとは、健常児でいえば2歳半頃から7歳半にいたるまでの発達過程をさし、認知発達、言語発達、対人関係の発達においても、飛躍的な変化がみられる時期をさす。しかし障害児にとっては、この時期につまずきがいっそう顕著となることも多い。その意味では丁寧に押さえなければならない重要なプロセスである。筆者の発達水準ではⅥ水準（象徴化水準）からⅧ水準（概念化2水準）にいる子どもたちの問題である。

### （1）細部知覚と全体知覚のアンバランス

　中核となる発達レベルでの認知のアンバランスの特徴として、自閉症児のようにパズルや文字等の細かい弁別力が得意で細部知覚がよく発達しているタイプと、軽度発達遅滞児のようにイメージすることや状況・人との関連を理解することは得意で、全体を統合的に捉える知覚がよく発達しているタイプとに二分されやすい。細部知覚がよく発達している子どもたちは、文字や数概念は獲得しやすい反面、状況理解や他者認知といった全体知覚面ではつまずくことが多い。この特徴は自閉症児に多くみられるといってよいだろう。逆に全体知覚が発達している子どもは、状況の把握や他者との関係の持ち方は比較的得意な反面、概念形成ではつまずきがみられやすい。これは、ダウン症児や軽度発達遅滞児によくみられる。発達水準としてはⅥ水準（象徴化水準）以降の子どもに該当するが、両者の知覚様式がうまく処理できる子どもは、発達経過も順調なことが多い。

### （2）注意力・集中力が育ちにくい

　中核の発達レベルに達すれば、本来興味の範囲が拡大して注意力が増し、活動への集中力も増すことが多いのだが、あるタイプの子どもたちは、認知が比

較的育っても、それが苦手なまま推移することもある。このことは他の発達と比較して刺激に振られやすいということでもあり、なんらかの知覚レベルでの処理をひきずっているということでもある。あくまでもこの判断の前提には、認知発達レベルが育っているわりには、注意力・集中力が育ちにくいということがある。

（3）象徴化のつまずき
　認知発達上の問題として顕著なものは、頭の中で間接的に想う力のつまずきがあげられる。具体的には、みたてあそびやふりあそび等を中心としたイメージの拡がりにつまずいていること、次の段階として生活上の再現あるいは想像的なストーリーあそびへと拡がりをみせるはずなのだが、ここでもつまずきやすい。お母さんの役割をとる等の仮想の役割を演じるのが苦手だったり、ことばや身振りでイメージの世界を表現することができない等、本来象徴化として拡がる世界が、うまく発展しない子どもも多い。

（4）概念化のつまずき
　文字や数概念等の記号的な認識が育ちにくい子どもや、豊かになった内言語を用いて柔軟に考えることが苦手なばあい、さらには推理判断する能力が育ちにくいといった概念化の発達のつまずき等があげられる。

（5）自己像の発達で生じやすい問題
　こうした認知発達上の問題とかかわりあいながら、大人との相互的なやりとりが難しかったり、ことばを含めたコミュニケーション能力が育ちにくかったり、さらには他児との協同的な関係の発展や社会性の発達の面でもつまずきがみられる。これを筆者は自己像発達のつまずきと考えている。またＬＤ児のような軽度発達障害児のばあいは、周囲の環境や大人との関係の中で二次的な心理適応障害がみられることがある。こうした二次的な適応障害は、認知や自己像が筆者のいうⅦ水準（概念化１水準）～Ⅷ水準（概念化２水準）と高い域に達

した頃に多くみられ、劣等感が強くなり、ある意味での自我発達のつまずきとして集団への適応や親子関係を難しくさせていくばあいがある。

(6) 中核となる発達レベルにおける臨床支援の方略

　まずは基礎的な認知を育てるために、象徴機能を豊かにしていくことがあげられる。直接視たり聴いたりすることから、頭の中で想い浮かべ表象機能を用いて間接的に情報を処理していけるように工夫した支援が必要とされる。教材教具はもちろんのことあそびを拡げることも重要であり、大人の側により柔軟な発想が求められる。プロセスⅡでは強かったパターン化も、象徴機能の獲得と並行してやわらかくなっていくばあいが多い。みたてあそび等の象徴あそびが拡がり、認知が育つことで、ことばの理解やコミュニケーションの手段も育ち、恒常的な情緒の安定が得られやすい。

　細部知覚と全体知覚の問題では、どちらかの得意な様式を用いつつ、苦手な知覚様式も育てていく方略を考える。例えば細部知覚が得意ならば文字概念獲得が容易なので、外界とのコミュニケーション能力を育てるために文字ことばを活用して、全体状況の理解を高めていく。全体知覚が得意な子どものばあいは、まずみわける、ききとる等の基礎的な認知を育てる。得意な生活再現あそびでもそれを利用して文字や数概念等への関心を高める。こうした細部知覚、全体知覚をバランスよく育てることによって、自己の調節能力が高まり、対人関係も拡がり、他児との関係や社会性も発達していく。

　ＬＤ児にみられるような二次的な適応障害へのとりくみは、他のどの発達障害よりも対応に難しい側面があるというのが現実だが、失敗体験が重なり過ぎないように成功体験を増やすこと、それを自信に繋げ、自己肯定感が育つよう支援すること、いわば心理療法的なサポートも重要であろう。

## 6　プロセスⅣ：表出系レベルの発達とつまずき

　第四のプロセスは表出系にかかわるつまずきが考えられる。表出系のプロセ

スとは運動面と発語面と捉えてよいのだが、感覚と運動の高次化理論のばあいは、視覚運動協応や聴覚運動協応という視点もとりこみつつ、手を使うことや身体運動表現、構音発語表現を臨床の軸として考えている。しかし表出系プロセスは、感覚入力の問題からはじまって、知覚レベルの問題、中核となる発達レベルの問題というすべての発達プロセスに影響をうけており、単に表出として表れている行動のみに着目して改善しようとしてもうまくいかないことも多い。可能な限りトータルな視点でアプローチすることが肝要である。

（1）協調運動の障害

　一般に麻痺性の運動障害は中心的なつまずきであるが、この問題は運動障害学の専門書に譲る。我々の関心事のひとつは粗大な協調運動や微細な協調運動の障害である。筆者のいう聴覚優位タイプは視覚運動協応のつまずきが大きいばあいが多く、逆に視覚優位タイプは聴覚運動協応につまずきがみられやすい。またこうした協調運動障害は、運動の調節力につまずきがみられること、あるいは発達性失行様のつまずきや、運動を頭の中で計画し順序だてて遂行していく能力のつまずき等が、臨床的要因として考えられる。

　もう一点こうした協調運動という問題は、運動の調節力のみならず、情動の調節や自己調節にもかかわっており、子どもの育ちにとって重要な役割を果たすものと考えられる。

（2）構音・発語表出の問題

　表出系のもうひとつの側面として、発語のプロセスがあげられる。そのひとつはspeech上の問題、つまり発声構音面の障害が指摘される。これも言語障害学においては中心的な領域であるので他の専門書に譲るとして、我々が捉えたい問題は発達性失語様の障害、すなわち構号化の障害である。構号化障害とは純音聴力検査で異常はなく、認知・理解言語力には遅れが少ないにもかかわらず、表現言語に著しいつまずきが示される。発声構音面には重篤な障害は認められず、より上位の皮質レベルの障害と捉えられ、前述の協調運動障害とも

関係するものと想定される。

(3) 伝達行動系のつまずき

　表出系の最後の問題として伝達行動系のつまずきをあげておく。発声・構音というつまずき以外にも、ことばは喋ってはいても伝達手段として用いられにくい子どもも少なくないからである。認知は発達し発語は有していても、自己像の育ちが弱いあるいは情緒的な育ちが弱いために、他者からの伝達意図が理解できなかったり、自己の意思表現が弱かったりする。模倣行動も同様に、模倣能力が育っていても、伝達行動として表出しようとしないことも多い。

　以上、感覚と運動の高次化の立場から、三つの表出系の問題に焦点をあてて検討した。最初に述べたとおり、それ以前の発達プロセスと強い関連を持ちながら表出系障害が顕在化するという点では、幅広い視野のもとで支援を考えなければならない。

(4) 表出系レベルに対する臨床支援の方略

　粗大あるいは微細な運動機能訓練が中核にあると考えられるが、この問題は運動学の他書に譲る。筆者の視点からは、まずは目と手の協応を高め、手先の巧緻性を育てることがあげられる。子どもの目と手の使われ方と、姿勢の発達に合わせて教材教具やセッティングを工夫するということが重要である。教具への興味は、認知発達に強い影響をうけるので、発達初期の段階ほど、教具の応答性あるいは音や光や動きのフィードバック機能をもっていることが鍵となる。次に手を使う姿勢をどのようにうまく保てるかという点で、椅子や机のセッティングも大切な視点となる。

　感覚と運動の繋がりについては、Ⅰ水準（感覚入力水準）〜Ⅲ水準（知覚運動水準）のような発達初期にある子どもほど、運動を起こせば視覚・聴覚が離れてしまう。つまり目や耳と運動とは仲良くないという事実を理解したアプローチが必要となる。初期段階にあっても、うまく姿勢の保持を考えて、整理され

た環境のもとわかりやすい教具を使用すれば、目と手を協調させていくことが可能である。発達が徐々に高次化していくにつれ、自己の動きを目や耳によって制御調整していく力を育てることが目標とされる。

移動運動に関しては、サーキット系の活動によって空間的な意味で始点と終点が理解され、目的的に移動するという目標設定も考えられる。

言語・コミュニケーション手段への支援としては、非言語的な視覚的伝達手段を具体物選択（Ⅲ水準：知覚運動水準）・絵カード選択（Ⅳ水準：パターン知覚水準）・指さし意図理解（Ⅴ水準：対応知覚水準）・身振りサイン（Ⅵ水準：象徴化水準）等、発達に合わせて育てる。実際のことばは、Ⅵ水準（象徴化水準）以降確かなものになっていくが、細部知覚が得意で文字が獲得できている子どもの場合は、文字によることばの指導が効果的で、省略、構音、置換、構文等の獲得において有効な補助手段になり得る。

## 7 ラベリングされた障害名と発達プロセスからみたつまずきの理解

2〜6で検討した発達プロセスの分析手法を用いて、伝統的なラベリングとしての障害分類名を、個人内差的、臨床支援的な側面から検討してみよう。

### (1) 感覚と運動の高次化からみた重度遅滞児のつまずきの理解

重度遅滞児は一般に、ＩＱが25から30以下と定義されているが、行動レベルでは対人的にも、対物的にも外界への関心が薄く、自己刺激的な行動も多い。我々の視点から分析した例が図11-2、図11-3に示されている。図11-2の左側の発達プロセスにおいては、すべての枠が破線で表示されており、どのプロセスもつまずきやすいということである。中核となる発達レベルはもちろんのこと、感覚入力レベルにおいても、知覚レベルにおいても、また表出系のレベルにおいても、つまずきは大きく、こうした状態像を呈する子どもたちが重度遅滞児といわれることになる。

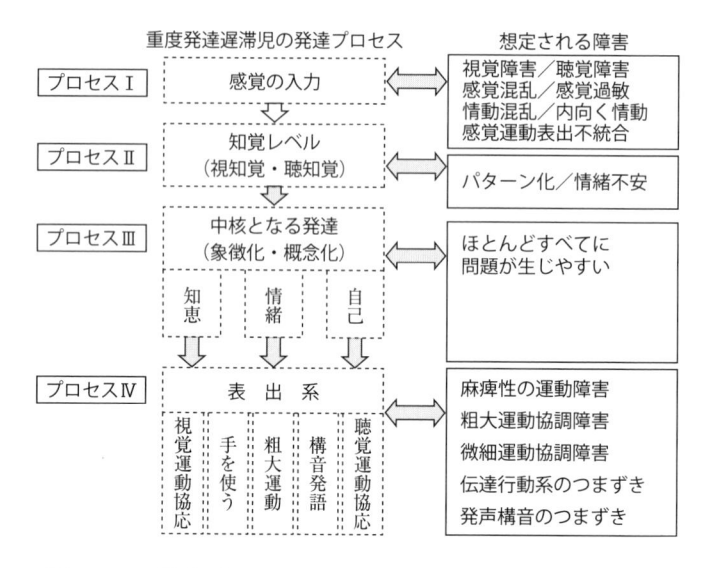

図11-2　発達プロセスからみた重度遅滞児のつまずきの理解

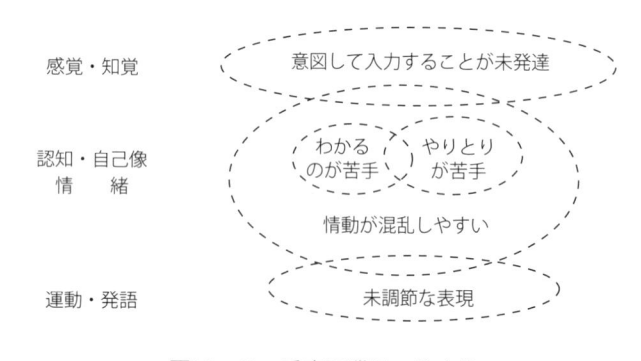

図11-3　重度遅滞児の臨床像

## （2）感覚と運動の高次化からみた中度自閉症児のつまずきの理解

　認知的に中度の知的障害を伴う自閉症児のばあいは、図11-4、図11-5のように表示される。感覚入力レベルにおいて感覚の過敏性や情動混乱が多く見られ、自己刺激的行動によって感覚が内に向きやすいばあいもある。知覚レ

第11章　感覚と運動の高次化からみたつまずきの理解　179

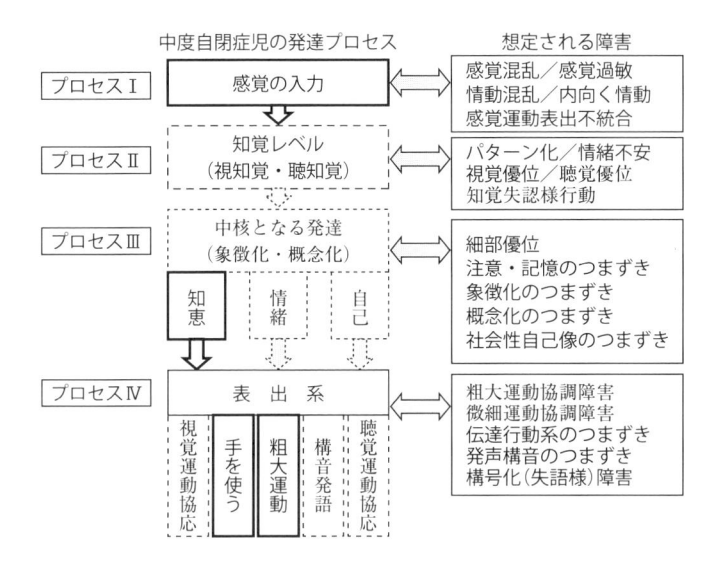

```
                中度自閉症児の発達プロセス              想定される障害
 ┌─────┐       ┌────────────┐        ┌──────────────┐
 │プロセスⅠ│       │   感覚の入力   │ ⇔     │ 感覚混乱／感覚過敏 │
 └─────┘       └──────┬─────┘        │ 情動混乱／内向く情動│
                         ↓              │ 感覚運動表出不統合 │
 ┌─────┐       ┌────────────┐        └──────────────┘
 │プロセスⅡ│       │   知覚レベル   │ ⇔     ┌──────────────┐
 └─────┘       │ (視知覚・聴知覚) │        │ パターン化／情緒不安│
                └────────────┘        │ 視覚優位／聴覚優位 │
                                      │ 知覚失認様行動    │
                                      └──────────────┘
 ┌─────┐       ┌────────────┐        ┌──────────────┐
 │プロセスⅢ│       │  中核となる発達  │ ⇔     │ 細部優位        │
 └─────┘       │ (象徴化・概念化) │        │ 注意・記憶のつまずき│
                │ ┌─┐┌─┐┌─┐ │        │ 象徴化のつまずき  │
                │ │知││情││自│ │        │ 概念化のつまずき  │
                │ │恵││緒││己│ │        │ 社会性自己像のつまずき│
                │ └─┘└─┘└─┘ │        └──────────────┘
                └──┬─────────┘
                   ↓
 ┌─────┐       ┌────────────┐        ┌──────────────┐
 │プロセスⅣ│       │   表  出  系   │ ⇔     │ 粗大運動協調障害  │
 └─────┘       │┌─┐┌┐┌┐┌─┐│        │ 微細運動協調障害  │
                ││視││手││粗││聴││        │ 伝達行動系のつまずき│
                ││覚││を││大││覚││        │ 発声構音のつまずき │
                ││運││使││運││運││        │ 構号化(失語様)障害│
                ││動││う││動││動││        └──────────────┘
                ││協││ ││ ││構││
                ││応││ ││ ││音││
                ││ ││ ││ ││発││
                ││ ││ ││ ││語││
                │└─┘└┘└┘└─┘│
                └────────────┘
```

図11-4　発達プロセスからみた中度自閉症児のつまずきの理解

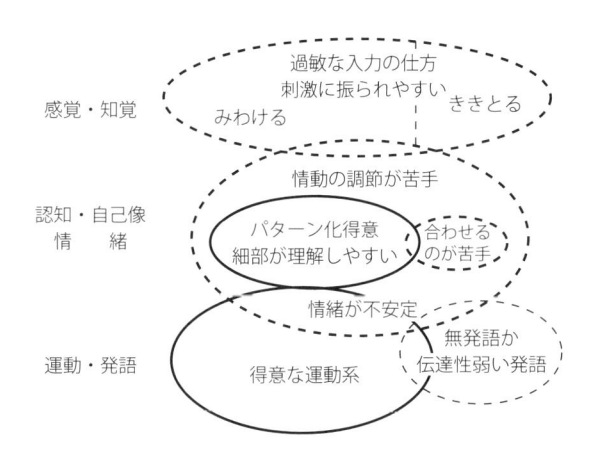

```
              過敏な入力の仕方
感覚・知覚      刺激に振られやすい
          みわける          ききとる

              情動の調節が苦手
認知・自己像   パターン化得意   合わせる
 情　　緒    細部が理解しやすい  のが苦手

              情緒が不安定
                         無発語か
運動・発語    得意な運動系    伝達性弱い発語
```

図11-5　中度自閉症児の臨床像

ベルではパターン化が強く、パターンが崩れることへの情緒不安も大きい、視覚優位タイプが多いがまれに聴覚優位のばあいもみられる。いずれにせよ感覚モダリィティが偏りがちである。彼らのばあいは中核となる発達レベルにもっとも問題があり、細部の知覚は発達していても、象徴化、概念化、自己像、情緒の発達すべての面でつまずきが大きい。表出系では運動面は比較的育っているのに対して、発語系に大きなつまずきを示し、伝達をしようとする行為にも問題を生じやすい。模倣を含めた運動協応にもつまずきを示すことが多い。

### (3) 感覚と運動の高次化からみたダウン症児のつまずきの理解

ダウン症児のばあいは、図11－6、図11－7に示すとおりである。感覚入力レベルにおいては、軽度難聴や視力に問題がみられることがある。しかし他の面では問題は少ない。知覚レベルのプロセスでは、視覚優位タイプが多いが、その他の点では問題は少ない。中核となる発達レベルでの認知の項目につまず

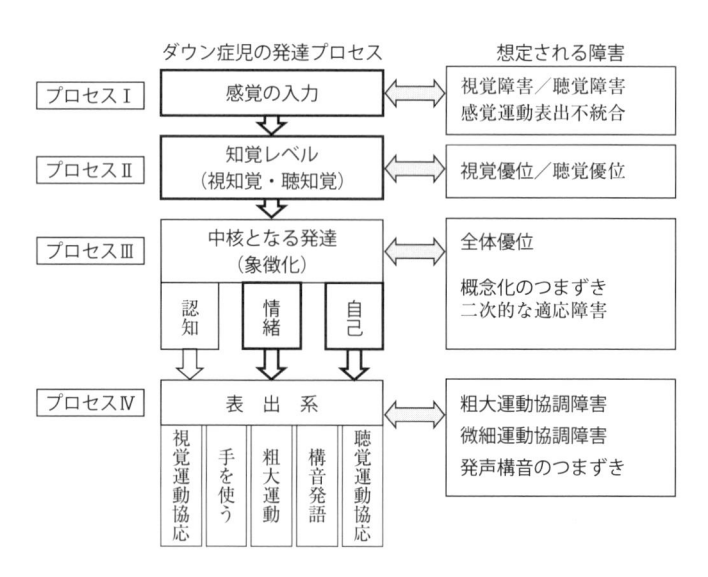

図11－6　発達プロセスからみたダウン症児のつまずきの理解

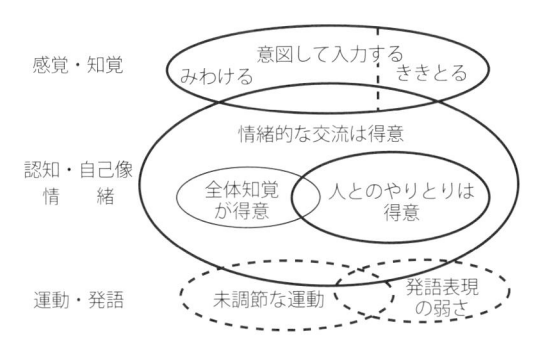

図11-7　ダウン症児の臨床像

きが大きい。とくに概念化の発達のつまずきは顕著であり、全体知覚は育っても細部知覚は育ちにくいこと、記銘、記憶力も発達と比べるとつまずきやすいこと等があげられる。それに対して自己像や情緒は、彼らの発達の中では育ちやすい。人とのやりとりも情緒的交流も得意な方である。表出系においては、粗大運動協調や微細運動協調の面でもまたことばの発声構音の面でもつまずきは大きく、支援上の配慮が必要である。

(4) 感覚と運動の高次化からみた高機能自閉症児のつまずきの理解

図11-8、図11-9からみると、感覚・知覚のレベルにおいては、感覚過敏、パターン性、情緒不安等、中度自閉症児が示すつまずきと同様のものをもっているが、それほど大きなつまずきとはならない。また視覚優位タイプが多い。中核となる発達レベルにおいては、象徴化や社会性、自己像発達等のつまずきが顕著で、それによる情緒的な問題や適応の難しさが生じやすい。反面細部認知や記憶処理は得意である。表出系では発語はみられるものの伝達行動系のつまずきは大きい。

182　第Ⅰ部　子どもを捉える眼

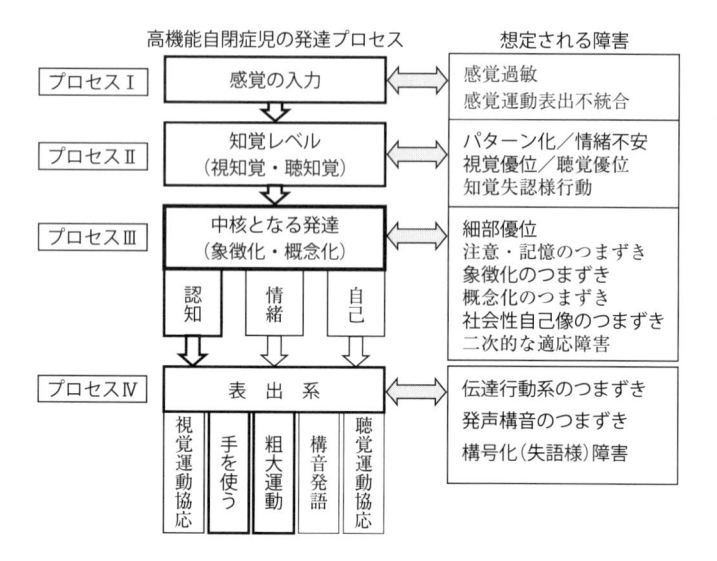

```
　　　　　　　高機能自閉症児の発達プロセス　　　　想定される障害

[プロセスⅠ]　　　感覚の入力　　　⇔　　感覚過敏
　　　　　　　　　　　　　　　　　　　　感覚運動表出不統合

[プロセスⅡ]　　　知覚レベル　　　⇔　　パターン化／情緒不安
　　　　　　　（視知覚・聴知覚）　　　　視覚優位／聴覚優位
　　　　　　　　　　　　　　　　　　　　知覚失認様行動

[プロセスⅢ]　　中核となる発達　　⇔　　細部優位
　　　　　　　（象徴化・概念化）　　　　注意・記憶のつまずき
　　　　　　　　　　　　　　　　　　　　象徴化のつまずき
　　　　　　　認知｜情緒｜自己　　　　　概念化のつまずき
　　　　　　　　　　　　　　　　　　　　社会性自己像のつまずき
　　　　　　　　　　　　　　　　　　　　二次的な適応障害

[プロセスⅣ]　　　表　出　系　　　⇔　　伝達行動系のつまずき
　　　　　　視覚運動協応｜手を使う｜粗大運動｜構音発語｜聴覚運動協応
　　　　　　　　　　　　　　　　　　　　発声構音のつまずき
　　　　　　　　　　　　　　　　　　　　構号化（失語様）障害
```

図11－8　発達プロセスからみた高機能自閉症児のつまずきの理解

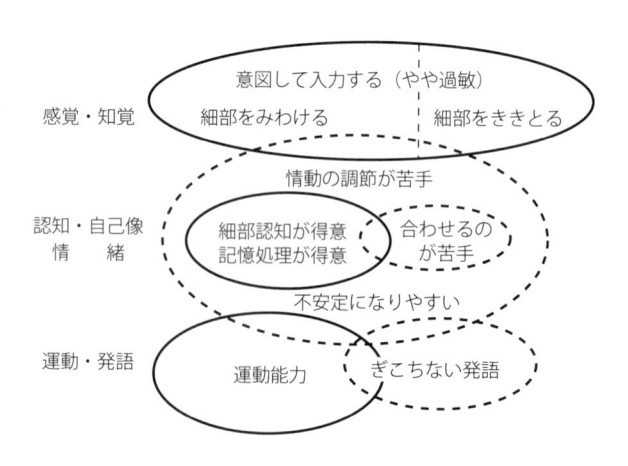

```
感覚・知覚　　意図して入力する（やや過敏）
　　　　　　　細部をみわける｜細部をききとる

　　　　　　　　　情動の調節が苦手
認知・自己像　細部認知が得意　｜合わせるの
情　緒　　　　記憶処理が得意　｜が苦手
　　　　　　　　　不安定になりやすい

運動・発語　　運動能力　｜ぎこちない発語
```

図11－9　高機能自閉症児の臨床像

## （5）感覚と運動の高次化からみたＬＤ児のつまずきの理解

　図11-10のように感覚入力レベルにおいては大きなつまずきはないが、感覚運動の不統合という点での問題が生じるばあいがある。知覚レベルにおいてはごく一部の子どもに知覚失認様行動がみられるばあいがある。嗜好的な固執が目立つ子どももいる。

　前者二つのレベルと比べると中核となる発達レベルはつまずきが大きく、認知の発達では注意・記憶のつまずきや、社会性、自己像発達のつまずき、情緒的には二次的適応障害がみられることもある。表出系のプロセスも著しい運動障害はないものの、手先の面でも粗大面でも協調運動としてのぎこちなさが目立ち、細かな支援が必要とされる。発語面は言語性ＬＤ児につまずきが大きい。

　図11-11は非言語性ＬＤ児の臨床像を示し、図11-12は言語性ＬＤ児の臨床像をあらわしたものである。

　非言語性ＬＤ児は、細部知覚を中心に認知は育ちやすいが、合わせるのが苦手で、情緒不安定になりやすい。発語はなめらかで問題は少ないが、協調運動は

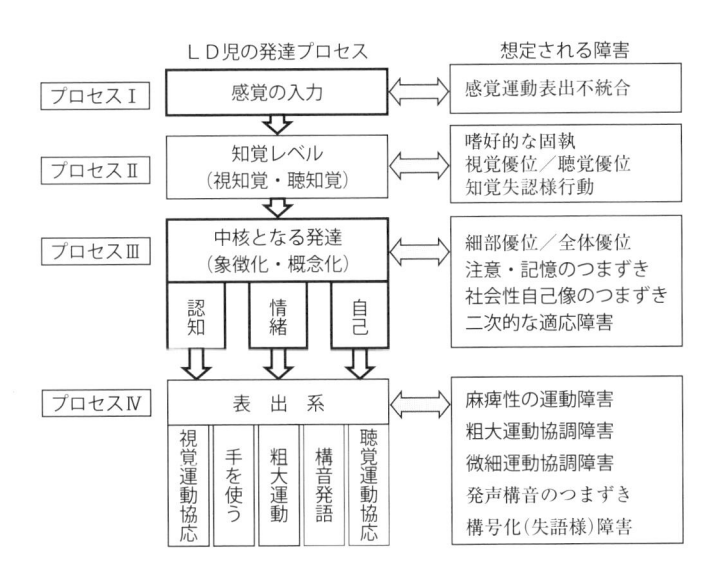

図11-10　発達プロセスからみたＬＤ児のつまずきの理解

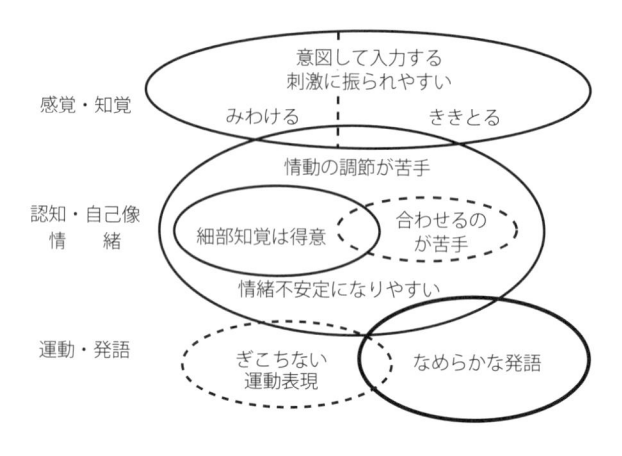

図11−11　非言語性ＬＤ児の臨床像

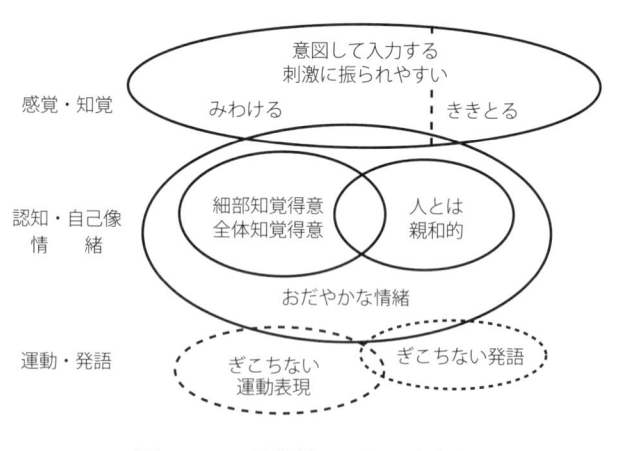

図11−12　言語性ＬＤ児の臨床像

苦手で、不器用なことが多い。アスペルガー障害もこれに似た臨床像を呈する。
　言語性ＬＤ児の臨床像は、表出面において、ぎこちない運動と発語に大きなつまずきをもっているのが特徴である。反面認知は細部知覚・全体知覚ともに育ちやすく、人との関係も親和性が高く、情緒面も穏やかなことが多い、
　非言語性、言語性ＬＤ児ともに、認知発達のわりには、刺激に振られやすく

注意力が散漫なばあいがある。

(6) 感覚と運動の高次化からみた軽度発達遅滞児のつまずきの理解

図11-13のように、軽度発達遅滞児は、個人内差もそれほどアンバランスではなく、全体を通してマイルドな発達の遅れがみられる。ただし二次的な適応障害は起こりやすく、うまくサポートしていく必要がある。

```
                軽度発達遅滞児の発達プロセス        想定される障害

プロセスⅠ          感覚の入力         ⇔    問題は少ない

プロセスⅡ          知覚レベル          ⇔    視覚優位／聴覚優位
                (視知覚・聴知覚)              知覚失認様行動

プロセスⅢ          中核となる発達       ⇔    細部優位／全体優位
                (象徴化・概念化)              注意・記憶のつまずき

                 認知 情緒 自己              概念化のつまずき
                                          社会性自己像のつまずき
                                          二次的な適応障害

プロセスⅣ           表  出  系         ⇔    発声構音のつまずき
                                          構号化(失語様)障害
           視覚運動協応 手を使う 粗大運動 構音発語 聴覚運動協応
```

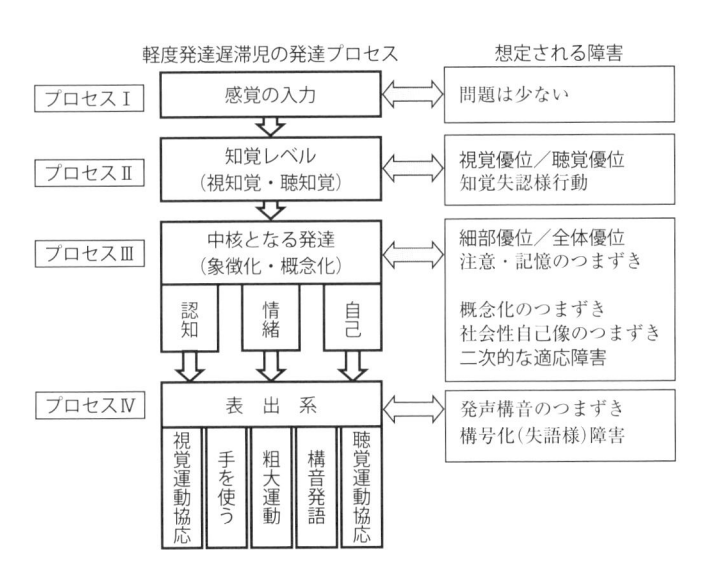

図11-13　発達プロセスからみた軽度発達遅滞児

(7) 結　び

　筆者の発達プロセス理解からみた、障害の再考と、実際の障害名にも対応させて、全体性と個人内差の観点から捉えなおしてみた。しかしこの作業もまた、ラベリングになりかねない。本章の冒頭でも指摘したとおり、単一的な障害と考えないで、全体性と個人内差を中心に据えて、個々の丁寧な発達臨床的理解が重要である。

# 第Ⅱ部
# 感覚と運動の高次化発達診断評価法

# I 感覚と運動の高次化発達診断評価法の概要

　感覚と運動の高次化発達診断評価法は1997年に第一試案版が開発され、以来8回の改定が行われた（宇佐川, 1997, 1998a, 1998b, 2000, 2001c, 2002b, 2003b, 2004c, 2005b）。筆者らが療育を担当したすべての事例に適応しつつ、データ処理を行いながらその信頼性と妥当性を高めてきた。この発達評価は筆者が強調してきた通り、障害児療育の発達プロセスを縦断的に追い、そのつまずきを捉えることを目的としている。したがって健常児の発達過程を完全な指標としているわけではない。また指導と直結する対応型評価法でもない。

　療育での障害児の発達経過を縦断的に追ってみると、指さしや模倣、みたてあそびといった前言語機能においても、弁別の発達においても、ことばやコミュニケーションの発達においても、自己像や社会性の面でも、「劣っている」ということより、「つまずく」という観点からの違いに気づかされることが多かった。したがって劣らなくするためのプログラム開発を意図したわけではなく、あくまでも療育支援におけるつまずきの理解として評価するために改定を重ねてきたというのが、筆者の強い主張点である。

## 1　発達診断のための発達水準

　発達診断のための発達水準は第7章から第10章で述べられた感覚と運動の高次化の8水準である。
Ⅰ水準：感覚入力水準
Ⅱ水準：感覚運動水準
Ⅲ水準：知覚運動水準

Ⅳ水準：パターン知覚水準
Ⅴ水準：対応知覚水準
Ⅵ水準：象徴化水準
Ⅶ水準：概念化1水準
Ⅷ水準：概念化2水準

## 2　感覚と運動の高次化発達診断モデルと評価領域

　現在採用している筆者の感覚と運動の高次化発達臨床モデルは、第6章の図6-3であるが、この診断チャートで用いられているものは図Aの第四試案版から使用した発達診断モデル（宇佐川, 2000）である。
　このモデルは感覚入力系と処理系と運動表出系の三つの部分に分かれている。
　感覚入力系は、①基礎視知覚、②細部視知覚、③全体視知覚という視覚入力系と、④基礎聴知覚、⑤細部聴知覚、⑥全体聴知覚からなる聴覚入力系の6領域で構成されている。
　処理系は、⑦知恵、⑧自己像、⑨情緒の主要3領域ならびに、⑩視覚運動協応、⑪聴覚運動協応を加えて5領域からなっている。

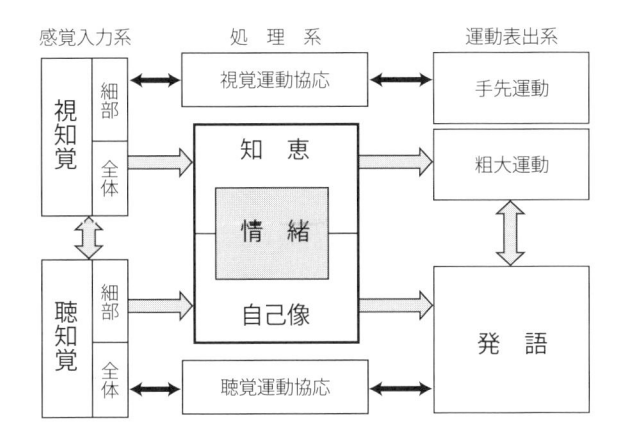

図A　感覚と運動の高次化発達診断モデル（宇佐川, 2000）

表出系は、⑫手先の運動、⑬粗大運動協応、⑭発語の3領域で構成されている。したがって全14の領域でこの8水準を把握しようとしていることになる。

他にパターン化領域のチェックリストが2001年第五版から開発され、それに付け加えられている。発達診断モデルには直接表示されないが、第23章「感覚と運動の高次化からみた発達臨床類型」で述べられている発達臨床類型の評価にはパターン化Ⅰ・Ⅱ・Ⅲ類型が存在する。

## 3　評価方法

基本的に各水準の各領域において、チェックリストが5項目ずつ準備されている。例外は知恵の領域と、自己像と情緒のⅠ水準、Ⅱ水準のみである。また各領域において全水準をチェックしようとしているわけではない。例えば基礎視知覚はⅡ水準からⅤ水準、細部視知覚と全体視知覚はⅣ水準からⅧ水準となっている。これは発達水準のレベルによって捉えなければならない領域が若干異なるということである。

評価の方法は、各チェック項目において、完全に達成もしくは完全に通過しているばあい◎に、ほぼ達成もしくはほぼ通過しているばあい○、一部達成もしくは一部通過しているばあい△、全く達成していないもしくは未通過のばあいを×とする。しかし実際の水準の判定には◎の項目のみがカウントされるので、○以下の項目は療育上の参考に使うということになる。

評価項目の内容は、一定期間療育（少なくとも2、3ヵ月）をしたあとでないと不可能なものもある。発達全体を捉えようとするためには短時間の評価では難しいということである。とくに自己像や情緒発達の側面は、比較的長期の日常的な観察が必要である。

チェック項目は想定される水準からはじめて上位へ2水準、下位へ2水準程度行う。あきらかに達していると考えられる水準は評価する必要はない。

Ⅰ　感覚と運動の高次化発達診断評価法の概要　191

## 4　各領域の発達水準到達の判定

　本チェックリストで捉えたいことは、14のそれぞれの領域でⅠ～Ⅷのどの水準に到達しているかである。それによって個人の発達のアンバランス、つまり個人内差の発達を理解することができる。

　水準通過の基準は、◎の評価が各領域の各水準において70％以上であることとする。

【該当水準に五つのチェック項目数があるばあい】

　通常は各水準に五つのチェック項目があるので、そのうちの4項目◎の評価が得られれば、その水準に到達していると判定する。ただし該当水準の◎が3項目であっても、上位の水準に1項目以上◎があれば、該当水準に到達していると判定する

【該当水準に3ないし4のチェック項目数があるばあい】

　自己像のⅠ水準・Ⅱ水準、情緒のⅠ水準が3項目に相当するが、3項目中2項目が◎であればその水準に到達していると判定する。情緒のⅡ水準は四つのチェック項目があるが、4項目中3項目が◎であれば、その水準に到達していると判定する。

【該当水準に6項目以上のチェック項目数があるばあい】

　知恵の領域がすべて相当するが、各水準で70パーセント以上◎があれば、到達していると判定する。

【自己像と情緒の評価への留意点】

　自己像と情緒の記述には、拒否が強まる等の一見マイナスにみえるような内容のものが多く存在するが、あくまでも発達過程にあらわれる重要な指標と考えている。こうしたマイナスにみえるようなチェック項目の場合、既に通過していて、今はみられない場合も◎としなければならないことに留意する。未通過のばあいが△や×ということになる。

【視知覚系・聴知覚系の注意事項】

　細部視知覚・全体視知覚は、Ⅲ水準以下はないので、チャート上は基礎視知覚と同じレベルにつける。同様に細部聴知覚・全体聴知覚は、Ⅴ水準以下は基礎聴知覚と同じレベルにつける。

【Ⅰ～Ⅲ水準の評価の留意点】

　視覚系、聴覚系、手先や粗大等の能力面の評価を行うチェック項目であっても、「好んで触る」のごとく、既に通過して今は現れていない行動系も少なくない。このばあいも◎と評価する。

【Ⅲ水準（知覚運動水準）より下位にある子どもの判定】

　Ⅲ水準（知覚運動水準）より下位の段階にいる子どものばあいは、本評価法による個人内差は判定しにくいと考えるのが妥当である。視知覚領域、聴知覚領域、発語領域においてⅠ水準の項目がないこと。視覚運動領域や聴覚運動領域、粗大運動協応領域もⅢ水準からしか項目は存在しないこと。つまりこれらの領域は、発達的にみてⅠ水準もしくはⅡ水準は確定しえないということであり、Ⅰ水準、Ⅱ水準に現在いる子どもにとっては、領域によっては評価がないということになってしまう。したがってⅢ水準より下位の段階にあるばあいは、この評価法を参考にしつつも、小さなサインから読み取る発達の意味性を捉える方がより重要であろう。

## 5　結果の読み取り方

【知恵の到達水準を子どもの基本水準とする】

　子どもが何水準にあるかを決める際、どの領域の水準にするか、平均値か最頻値か中央値か検討を重ねたが、結局知恵の水準を基本水準とすることにした。視知覚系の領域も聴知覚系の領域も手先の領域も知恵の項目として評価されるので、認知のおおよその水準を示すには妥当であるということになった。

　結局子どもが○○水準にあるという意味は、「知恵が○○水準にある」という意味であり、それと比べて自己像や情緒、手先や粗大運動、発語が高いのか

Ⅰ　感覚と運動の高次化発達診断評価法の概要　193

低いのかを理解しようとすることが、第Ⅳ部「発達臨床類型からみた支援」で述べられる個人内差を重視した発達臨床類型ということになる。

【感覚と運動の高次化発達診断チャート】

　図Aの感覚と運動の高次化発達診断モデル（2000）をもとに、図Bのような発達水準を積み上げ式の箱型で示した臨床モデル図が作成された。各領域において箱が最小1個（Ⅰ水準）から最大8個（Ⅷ水準）まで積み上げられることになる。パソコン上で診断チェックリストに記載すると、自動的にこの図が書きあがる（ソフトは阿部秀樹氏が作成）。

　図Bを例に読み取り方を解説する。まずこの事例の基本的な発達水準はⅦ水準（概念化1水準）となる（知恵の発達水準）。上方部の視覚運動系処理と下方部聴覚音声系処理を比べると、視覚運動系処理の方が得意である。また細部視知覚はよく育っていてⅧ水準にあるが、全体視知覚はⅥ水準と苦手である。中央部分の知恵と自己像、情緒を比較すると、知恵の発達水準が7水準と育っているわりには、情緒5水準、自己像6水準とややつまずきがみられる。

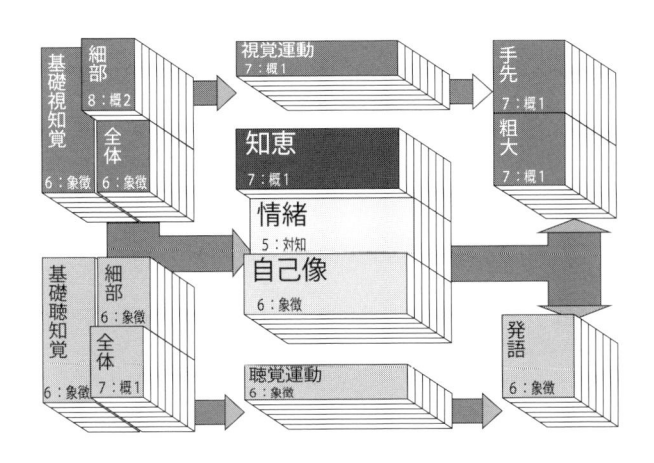

図B　感覚と運動の高次化発達診断チャート（宇佐川, 2000）

## 【感覚と運動の高次化発達診断レーダーチャート】

図Cに感覚と運動の高次化発達診断レーダーチャートを示した。この表示様式は14の領域にわたって、時期毎にその変化が示せるようになっている。これもパソコン上で自動的に表示される。レーダーチャート上の領域の配置の仕方は、上方部に情緒と知恵と自己像を置き、右側に視知覚系の、基礎視知覚、細部視知覚、全体視知覚、視覚運動協応を、同じく左側に、基礎聴知覚、細部聴知覚、全体聴知覚、聴覚運動協応を配置した。下方部右に手先の運動、下方部左に発語、下方部中央に粗大運動という表出系の3領域を置いた。

図Cでは4歳5ヵ月と6歳3ヵ月の結果が表示されている。個人内差のパターンはあまり変化がないが、おおよそ2水準高くなっていることが読みとれる。

以下各発達水準毎に領域別のチェックリストを提示し、必要に応じて解説を行う。

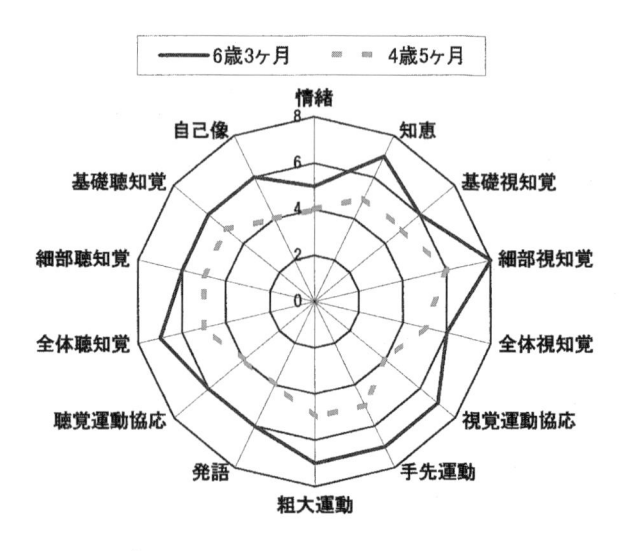

図C　感覚と運動の高次化発達診断レーダーチャート

# Ⅱ 感覚と運動の高次化発達水準からみた領域別の評価

## Ⅰ水準（感覚入力水準）の領域別評価

**知恵　Ⅰ水準**

- 知Ⅰ-1　手で触れて音を出す
- 知Ⅰ-2　ひっかいて音を出す
- 知Ⅰ-3　たたいて音を出す
- 知Ⅰ-4　触り心地の良い物を好んで触る
- 知Ⅰ-5　バイブレーターや楽器の振動を好んで触れる
- 知Ⅰ-6　姿勢を変換して首や肘、足等で触れて音を出す

**自己像　Ⅰ水準**

- 自Ⅰ-1※　意図的に運動を起こす
- 自Ⅰ-2※　意図的に姿勢を変化させる
- 自Ⅰ-3※　外界の刺激と情動表現の因果関係がわかりやすくなる

**情緒　Ⅰ水準**

- 情Ⅰ-1※　外界の刺激と情動表現の因果関係がわかりやすくなる
- 情Ⅰ-2　前庭感覚・固有感覚・触覚刺激で快の情動表現が出る
- 情Ⅰ-3　音刺激で快の情動表現が出る

**手先の運動　Ⅰ水準**

手Ⅰ-1　　手で触れて音を出す
手Ⅰ-2　　ひっかいて音を出す
手Ⅰ-3　　たたいて音を出す
手Ⅰ-4　　触り心地の良い物を好んで触る
手Ⅰ-5　　バイブレーターや楽器の振動を好んで触れる

※Ⅰ水準（感覚入力水準）のチェック項目の解説
① 　先にふれた通り、Ⅰ水準はもっとも初期段階なので、発達領域も少ないし、チェック項目数も少ない。
② 　自Ⅰ-1・自Ⅰ-2：「意図的に」と用いられているが、これは反射的なレベルではなく自分の意思で随意的に動かそうとするという意味である。
③ 　自Ⅰ-3・情Ⅰ-1：外界の刺激と情動表現の因果関係理解とは、刺激が入力されたことと快や不快の表現が繋がりやすくなるという意味。

## Ⅱ水準（感覚運動水準）の領域別評価

**基礎視知覚　Ⅱ水準**

基視Ⅱ-1　　特定の面をみわけてたたいて音を出す（スイッチ押し等）
基視Ⅱ-2　　ゆっくり動く玉を追視する
基視Ⅱ-3　　遠い物をみつけて手を伸ばしてつかむ
基視Ⅱ-4　　2種の物のなかから好きなものをとる
基視Ⅱ-5※　簡単なスイッチであれば音の出ないランプでもつけられる

**基礎聴知覚　Ⅱ水準**

基聴Ⅱ-1　　気が向けば音楽に合わせて身体を揺することがある

基聴Ⅱ-2　　母親等の人の声を聞いて動きを止めることがある
基聴Ⅱ-3　　音のする方向を振り向く
基聴Ⅱ-4※　音の出るものを意識して手足を動かして音を出す
基聴Ⅱ-5※　音の受容による運動の静止

### 知恵　Ⅱ水準

知Ⅱ-1　　特定の面をみわけてたたいて音を出す（スイッチ押し等）
知Ⅱ-2　　ゆっくり動く玉を追視する
知Ⅱ-3　　遠い物をみつけて手を伸ばしてつかむ
知Ⅱ-4　　2種の物のなかから好きなものをとる
知Ⅱ-5※　簡単なスイッチであれば音の出ないランプでもつけられる
知Ⅱ-6※　すべらす動きで音を出す
知Ⅱ-7※　抜く、とるといった終点が理解できる
知Ⅱ-8　　渡された玉を缶に入れる
知Ⅱ-9　　投げて終わりにする
知Ⅱ-10※　音の出るものを意識して手足を動かして音を出す

### 自己像　Ⅱ水準

自Ⅱ-1　　輪抜きのように道具に規定された始点と終点がわかる（運動感覚による終点）
自Ⅱ-2※　内に向けられた情動表現がよく出る
自Ⅱ-3※　快と不快の情動表現が分化してきている

### 情緒　Ⅱ水準

情Ⅱ-1※　内に向けられた情動表現がよく出る
情Ⅱ-2※　快と不快の情動表現が分化してきている
情Ⅱ-3※　生理的不快感による情緒不安が多い。不快感を取り除くと情緒は安定しやすい

情Ⅱ-4　　触覚や聴覚や味覚が過敏で、嫌がることもある

### 手先の運動　Ⅱ水準
手Ⅱ-1　　特定の面をみわけてたたいて音を出す（スイッチ押し等）
手Ⅱ-2※　すべらす動きで音を出す
手Ⅱ-3※　抜く、とるといった終点が理解できる
手Ⅱ-4　　渡された玉を缶に入れる
手Ⅱ-5　　投げて終わりにする

### 発語　Ⅱ水準
発Ⅱ-1　　声を出して笑う
発Ⅱ-2　　楽しいと発声を長く続ける
発Ⅱ-3　　泣き声とは異なるいくつかの発声がみられる
発Ⅱ-4　　働きかけられると発声する
発Ⅱ-5　　2種以上の異なる音素の発声がみられる

### ※Ⅱ水準（感覚運動水準）のチェック項目の解説
① 　基視Ⅱ-5・知Ⅱ-5：音が出なくてランプのみが光るスイッチ押しは、音の出るものより少し難しい（写真7-3）。
② 　基聴Ⅱ-4・知Ⅱ-10：写真7-2や写真7-3を用いて手足を動かす。
③ 　基聴Ⅱ-5：運動の静止とは、音や音楽を聴くと一切の動きを止めて聴き入ること。
④ 　自Ⅱ-2・情Ⅱ-1：内に向けられた情動表現とは、自己刺激で外界を遮断して興奮しているような表現。
⑤ 　自Ⅱ-3・情Ⅱ-2：快と不快の分化とは、興奮して泣きと笑いが混同しなくなること。
⑥ 　情Ⅱ-3：生理的不快感とは、眠気や空腹や体調の悪さ等をさす。

⑦ 知Ⅱ−5・手Ⅱ−2：音を出す教材ですべらす動きは、たたく動きより難しい（写真7−2）。
⑧ 知Ⅱ−7・手Ⅱ−3：写真7−7の棒から玉を抜く。

## Ⅲ水準（知覚運動水準）の領域別評価

**基礎視知覚　Ⅲ水準**

基視Ⅲ−1　　2種の箱から、隠された物の位置をあてる
基視Ⅲ−2　　二つ以上の缶から、フタが開いている缶をみわけて玉を入れる
基視Ⅲ−3※　入れ物弁別で2種の物（ようじとビー玉等）を弁別して入れる
基視Ⅲ−4　　2種のはめ板で○を弁別する
基視Ⅲ−5　　2種のはめ板で○以外の□等の形を弁別する

**基礎聴知覚　Ⅲ水準**

基聴Ⅲ−1　　繰り返したたいて音を出すのを楽しむ
基聴Ⅲ−2　　声や音・音楽に好き嫌いがみられるようになる
基聴Ⅲ−3　　歌や音楽を聴いて快の表情を示すことが多い
基聴Ⅲ−4　　母親等の特定の声を意識して振り向く
基聴Ⅲ−5　　発声を自己刺激として楽しむ

**知恵　Ⅲ水準**

知Ⅲ−1　　2種の箱から隠された物の位置をあてる
知Ⅲ−2　　二つ以上の缶から、フタが開いている缶をみわけて玉を入れる
知Ⅲ−3※　入れ物弁別で2種の物（ようじとビー玉等）を弁別して入れる
知Ⅲ−4　　2種のはめ板で○を弁別する
知Ⅲ−5　　2種のはめ板で○以外の□等の形を弁別する
知Ⅲ−6※　2方向スライディングブロックでペグが抜ける
知Ⅲ−7　　バチで小楽器をたたく

知Ⅲ-8※　玉を棒から抜いて缶に入れる、始点と終点が理解できる
知Ⅲ-9※　入れたりはめたりする終点を喜ぶ
知Ⅲ-10　ビー玉を皿からつまんで、ビンの穴に入れる
知Ⅲ-11　繰り返したたいて音を出すのを楽しむ
知Ⅲ-12　声や音・音楽に好き嫌いがみられるようになる
知Ⅲ-13　歌や音楽を聴いて快の表情を示すことが多い
知Ⅲ-14　母親等の特定の声を意識して振り向く
知Ⅲ-15　物の永続性の成立（箱や布で覆われた物を取り出し覚えている）

## 自己像　Ⅲ水準

自Ⅲ-1※　機能的道具操作模倣で相手に合わせることの芽生え（車を走らせる等）
自Ⅲ-2　行動を規制されると、焦点づけられた不快の表情を示す
自Ⅲ-3　嫌いなことに対する拒否の芽生え（選択的拒否の芽生え）
自Ⅲ-4　大人を意識した情動表現がみられる
自Ⅲ-5　あきらかに終点を意識して自己の運動を調節しはじめる

## 情緒　Ⅲ水準

情Ⅲ-1　嫌いなことに対する拒否の芽生え（選択的拒否の芽生え）
情Ⅲ-2　大人を意識した情動表現がみられる
情Ⅲ-3　焦点づけられた快・不快の情動表現がでやすい
情Ⅲ-4　快の情動が高まりすぎると、情緒が混乱しやすい
情Ⅲ-5　不快な情動が高まっても、好きな玩具で低減される

## 視覚運動協応　Ⅲ水準

視運Ⅲ-1※　2方向スライディングブロックでペグが抜ける
視運Ⅲ-2　ビー玉を皿からつまんで、ビンの穴に入れる
視運Ⅲ-3　ペグをさしたり、小さな穴に入れる

視運Ⅲ－4※　機能的道具操作模倣（バチでたたいて音を出す模倣等）がみられる
視運Ⅲ－5※　気ままに一方出しする身体模倣がまれにみられる

**聴覚運動協応　Ⅲ水準**
聴運Ⅲ－1　繰り返したたいて音を出すのを楽しむ
聴運Ⅲ－2　歌の開始で身体を動かし、終わるとしばらくしてから止められる
聴運Ⅲ－3　大人と打楽器をたたき合って、音のやりとりをする
聴運Ⅲ－4　繰り返し振って音を出すのを喜ぶ
聴運Ⅲ－5　音楽に反応して身体を動かす

**手先の運動　Ⅲ水準**
手Ⅲ－1※　2方向スライディングブロックでペグが抜ける
手Ⅲ－2　バチで小楽器をたたく
手Ⅲ－3※　玉を棒から抜いて缶に入れる、始点と終点が理解できる
手Ⅲ－4※　入れたりはめたりする終点を喜ぶ
手Ⅲ－5　ビー玉を皿からつまんで、ビンの穴に入れる

**粗大運動協応　Ⅲ水準**
粗大Ⅲ－1　5メートル先の目標に向かって移動する
粗大Ⅲ－2※　キャスター付の箱を引っぱり5メートル移動する
粗大Ⅲ－3　バレーボールを持って5メートル移動する
粗大Ⅲ－4　すわった姿勢のまま足から滑り台をすべる
粗大Ⅲ－5　床におちているものをおしりをつかないで拾う

**発語　Ⅲ水準**
発Ⅲ－1　発声を自己刺激として楽しむ
発Ⅲ－2　いろいろな音素の声を出す
発Ⅲ－3　喃語が多くなる

発Ⅲ-4　　いろいろなジャルゴンや反復喃語（ダダダパパパ等）が出せる
発Ⅲ-5　　ときどき人に向かって発声しようとする

## ※Ⅲ水準（知覚運動水準）のチェック項目の解説

① 　知Ⅲ-3・基視Ⅲ-3：入れ物弁別は、写真7-12参照。
② 　視運Ⅲ-5：一方だし模倣とは、文脈なしに気が向いたときにだす模倣。
③ 　知Ⅲ-6・手Ⅲ-1・視運Ⅲ-1：2方向スライディングブロックは、写真7-10参照。
④ 　手Ⅲ-3：抜いて入れる教具は、写真7-7参照。
⑤ 　知Ⅲ-9・手Ⅲ-4：入れる活動の例として写真7-8の電池入れ参照。
⑥ 　自Ⅲ-1・視運Ⅲ-4：機能的道具操作とは、玩具をみただけで、「動くとか音が出る」といった機能的な必然性がわかる道具を操作すること。
⑦ 　粗大Ⅲ-2：写真9-10のようなワゴンに人を乗せないで引っぱる。

# Ⅳ水準（パターン知覚水準）の領域別評価

### 基礎視知覚　Ⅳ水準

基視Ⅳ-1　　3～4種の具体物同士のマッチング
基視Ⅳ-2　　3色の色板同士のマッチング
基視Ⅳ-3　　6枚の絵カードをパターン弁別する
基視Ⅳ-4※　提示図形と同じものを3種の板のなかからとってはめる（対応弁別）
基視Ⅳ-5　　3種の箱の端に隠された物の位置をあてる

### 細部視知覚　Ⅳ水準

細視Ⅳ-1※　2×3の形のはめ板弁別ができる
細視Ⅳ-2　　2分割された丸を合成してはめる
細視Ⅳ-3　　長方形2枚に分割されたわかりやすい絵カードを構成する

細視Ⅳ-4　　2分割された三角形を合成してはめる（2枚のはめ板式構成三角形）
細視Ⅳ-5<sup>※</sup>　簡単な図と地の弁別

**全体視知覚　Ⅳ水準**
全視Ⅳ-1　　具体物による生活再現的な見立てを3種類以上する
全視Ⅳ-2　　具体物の指示で状況理解ができる
全視Ⅳ-3<sup>※</sup>　きりぬき写真カードの指示で状況理解ができる
全視Ⅳ-4　　「ちょうだい」の身振りを理解して応じる
全視Ⅳ-5<sup>※</sup>　具体物による代表性の分類（同一名称で異なる具体物による分類）

**基礎聴知覚　Ⅳ水準**
基聴Ⅳ-1　　特定の自然音または楽器音が好きになり喜ぶ
基聴Ⅳ-2　　三つの空間（場所）のなかから隠れている音源を定位して探し出せる
基聴Ⅳ-3　　音楽が終わることを意識して、揺らしている身体を止める
基聴Ⅳ-4　　肉声によるコロコロ等の反復音や特定の単語を聞いて喜ぶ
基聴Ⅳ-5　　特定の歌・歌詞が好きになり、歌えば喜ぶことが多い

**知恵　Ⅳ水準**
知Ⅳ-1　　3～4種の具体物同士のマッチング
知Ⅳ-2　　3色の色板同士のマッチング
知Ⅳ-3　　6枚の絵カードをパターン弁別する
知Ⅳ-4<sup>※</sup>　提示図形と同じものを3種の板のなかからとってはめる（対応弁別）
知Ⅳ-5　　3種の箱の端に隠された物の位置をあてる
知Ⅳ-6<sup>※</sup>　2×3種の形のはめ板弁別
知Ⅳ-7　　2分割された丸を合成してはめる
知Ⅳ-8　　長方形2枚に分割されたわかりやすい絵カードを構成する
知Ⅳ-9　　2分割された三角形を合成してはめる（2枚のはめ板式構成三角形）

| | | |
|---|---|---|
| 知Ⅳ-10※ | 簡単な図と字の弁別 | |
| 知Ⅳ-11 | 具体物による生活再現的な見立てを3種類以上する | |
| 知Ⅳ-12 | 具体物の指示で状況理解ができる | |
| 知Ⅳ-13※ | きりぬき写真カードの指示で状況理解ができる | |
| 知Ⅳ-14 | 「ちょうだい」の身振りを理解して応じる | |
| 知Ⅳ-15※ | 具体物による代表性の分類(同一名称で異なる具体物による分類) | |
| 知Ⅳ-16 | コインの向きをあわせて入れる | |
| 知Ⅳ-17 | 小さい積み木を3個積む | |
| 知Ⅳ-18 | 3方向スライディングブロックでペグが抜ける | |
| 知Ⅳ-19 | ハンマーでボールをたたいて入れる | |
| 知Ⅳ-20 | 豆をスプーンですくって広口ビンに入れる | |
| 知Ⅳ-21 | 特定の自然音または楽器音が好きになり喜ぶ | |
| 知Ⅳ-22 | 肉声によるコロコロ等の反復音や特定の単語を聞いて喜ぶ | |
| 知Ⅳ-23 | 特定の歌・歌詞が好きになり、歌えば喜ぶことが多い | |

**視覚運動協応　Ⅳ水準**

| | |
|---|---|
| 視運Ⅳ-1 | コイン入れでコインの向きをあわせて入れられる |
| 視運Ⅳ-2※ | 三角形のはめ板を運動的手掛かりによって向きを変えはめられる |
| 視運Ⅳ-3 | 直線の溝板を始点から終点までなぞる |
| 視運Ⅳ-4 | 生活再現的な機能的道具操作模倣(コップで飲むまね等)がみられる |
| 視運Ⅳ-5※ | 繰り返された簡単なパターン身体模倣がみられるようになる |

**聴覚運動協応　Ⅳ水準**

| | |
|---|---|
| 聴運Ⅳ-1 | 音楽が終わることを意識して、揺らしている身体を止める |
| 聴運Ⅳ-2 | 音出しあそびを真似して打つことがある |
| 聴運Ⅳ-3 | 音素を真似て発声することがある |
| 聴運Ⅳ-4 | 大人と発声のかけあいをし、やりとりすることがある |

聴運Ⅳ-5　　子どもの音楽のテンポに沿いながら少し変えたときに、時々気づいてテンポを変える

**自己像　Ⅳ水準**
自Ⅳ-1　　具体物を選択して、自分のやりたいものを伝える
自Ⅳ-2　　3人なら構造化場面での順番が待てる
自Ⅳ-3※　繰り返しの動作模倣の一部を、相手に合わせてすることがみられる
自Ⅳ-4　　好き嫌いが明確になり、嫌いなことは強く拒否をする（強い選択的拒否）
自Ⅳ-5　　見知らぬ人とは不安定になるが、特定の慣れた人の傍に行くと安心する

**情緒　Ⅳ水準**
情Ⅳ-1　　好き嫌いが明確になり、嫌いなことは強く拒否をする（強い選択的拒否）
情Ⅳ-2　　見知らぬ人とは不安定になるが、特定の慣れた人の傍に行くと安心する
情Ⅳ-3　　触覚や聴覚や味覚が過敏で、強い拒否や情緒不安を示す
情Ⅳ-4　　繰り返し使用し慣れた教具は飽きやすいが、新奇な教具は情緒が安定しやすい
情Ⅳ-5　　パターン通りだと安定しているが、事態が異なると強い拒否がある

**手先の運動　Ⅳ水準**
手Ⅳ-1　　コイン入れでコインの向きをあわせて入れる
手Ⅳ-2　　小さい積み木を3個積む
手Ⅳ-3※　3方向スライディングブロックでペグが抜ける
手Ⅳ-4※　ハンマーでボールをたたいて入れる
手Ⅳ-5　　豆をスプーンですくって広口ビンに入れる

## 粗大運動協応　Ⅳ水準

粗大Ⅳ－1　　階段を手すりや壁をつたって降りる
粗大Ⅳ－2　　布団に頭を残して足から先に入ることができる
粗大Ⅳ－3　　背もたれのないブランコに、両手で保持して乗れる
粗大Ⅳ－4　　ふくらはぎの高さのハードルをまたいで移動できる
粗大Ⅳ－5　　小さな段差を両足で飛び降りる

## 発語　Ⅳ水準

発Ⅳ－1　　音素を真似て発声することがある
発Ⅳ－2　　人の注意を引くために、発声を使って伝達しようとする
発Ⅳ－3　　飲み込まないでよく噛んで食べる
発Ⅳ－4　　ときどきジャルゴンより分化したことばらしい発声がみられる
発Ⅳ－5　　コマーシャルや歌、ことば等の一部を発音することがある

## ※Ⅳ水準（パターン知覚水準）のチェック項目の解説

①　基視Ⅳ－4・知Ⅳ－4：対応弁別は写真8－6参照。
②　細視Ⅳ－1・知Ⅳ－6：2×3の弁別とは、写真8－5の右上参照。
③　細視Ⅳ－5・知Ⅳ－10：簡単な図と地の弁別とは、写真8－11参照。
④　全視Ⅳ－3・知Ⅳ－13：きりぬき写真カードとは、写真8－10参照。
⑤　全視Ⅳ－5・知Ⅳ－15：具体物の代表性の分類とは、写真8－7参照。
⑥　視運Ⅳ－2：三角形の向きを変えるとは、写真8－2参照。
⑦　視運Ⅴ－5：繰り返され慣れている模倣なら大人にあわせてできるという意味。
⑧　手Ⅳ－3：3方向スライディングブロックは、写真7－10参照。
⑨　手Ⅳ－4：ハンマーでたたく玩具は写真8－1参照。

# Ⅴ水準（対応知覚水準）の領域別評価

## 基礎視知覚　Ⅴ水準

基視Ⅴ-1　提示されたものと同じ絵カードを、6枚のなかから対応弁別する

基視Ⅴ-2[※]　6種の指さし対応弁別ができる

基視Ⅴ-3[※]　指さし-指さし対応弁別ができる

基視Ⅴ-4　具体物と写真・絵カードとが確実に対応できる。

基視Ⅴ-5　5種以上の箱から、隠された物の位置をあてる

## 細部視知覚　Ⅴ水準

細視Ⅴ-1　下絵なしの6枚の事物のはめ板がはめられる

細視Ⅴ-2　顔や身体部位のはめ板がはめられる

細視Ⅴ-3[※]　3枚の構成三角形はめ板を構成する

細視Ⅴ-4[※]　長方形3枚に分割された絵を構成する

細視Ⅴ-5　縦に三つ並べた見本と対応させて、右側に順番に並べる（位置把握）

## 全体視知覚　Ⅴ水準

全視Ⅴ-1[※]　絵カードによる3種類の代表性の分類（同一名称で異なる絵カードの分類）

全視Ⅴ-2　共有・叙述の指さしがみられる

全視Ⅴ-3　日常場面で要求の指さしがみられる

全視Ⅴ-4[※]　写真・絵カードによる連鎖しない単発的みたて行為がみられる

全視Ⅴ-5[※]　写真・絵カードによる状況の指示理解ができる

**基礎聴知覚　Ⅴ水準**

基聴Ⅴ-1　　楽器操作で違う音を出して楽しむ
基聴Ⅴ-2※　隠れた場所から楽器音を鳴らし、4枚の絵カードから弁別する
基聴Ⅴ-3　　6枚の絵カードから言語指示で名称が指せ、15種以上理解している
基聴Ⅴ-4※　動作語絵カードが言語指示で5枚以上指せる
基聴Ⅴ-5　　日常的に用いられる言語指示は10種以上わかり、動ける

**知恵　Ⅴ水準**

知Ⅴ-1　　　提示されたものと同じ絵カードを、6枚のなかから対応弁別する
知Ⅴ-2※　　6種の指さし対応弁別ができる
知Ⅴ-3※　　指さし−指さし対応弁別ができる
知Ⅴ-4　　　具体物と写真・絵カードとが確実に対応できる
知Ⅴ-5　　　5種以上の箱から、隠された物の位置をあてる
知Ⅴ-6　　　下絵なしの6枚の事物のはめ板がはめられる
知Ⅴ-7　　　顔や身体部位のはめ板がはめられる
知Ⅴ-8※　　3枚の構成三角形はめ板を構成する
知Ⅴ-9※　　長方形3枚に分割された絵を構成する
知Ⅴ-10　　 縦に三つ並べた見本と対応させて、右側に順番に並べる（位置把握）
知Ⅴ-11※　絵カードによる3種類の代表性の分類（同一名称で異なる絵カードの分類）
知Ⅴ-12※　写真・絵カードによる連鎖しない単発的みたて行為がみられる
知Ⅴ-13※　写真・絵カードによる状況の指示理解ができる
知Ⅴ-14　　楽器操作で違う音を出して楽しむ
知Ⅴ-15※　隠れた場所から楽器音を鳴らし、4枚の絵カードから弁別する
知Ⅴ-16　　6枚の絵カードから言語指示で名称が指せ、15種以上理解している
知Ⅴ-17※　動作語絵カードが言語指示で5枚以上指せる
知Ⅴ-18　　日常的に用いられる言語指示は10種以上わかり、動ける

知Ⅴ-19　　大人とならば自由場面で道具を媒介にした三項関係がもてる

## 自己像　Ⅴ水準
自Ⅴ-1　　大人とならば自由場面で道具を媒介にした三項関係がもてる
自Ⅴ-2　　嫌なときに大人をからかうしぐさをすることがある（からかいの芽生え）
自Ⅴ-3　　要求伝達場面で、身振りや写真・絵カード選択で、自分から伝えられる
自Ⅴ-4　　ほめられることを意識して喜ぶ
自Ⅴ-5　　大人に合わせて身体模倣を楽しむ

## 情緒　Ⅴ水準
情Ⅴ-1　　嫌なときに大人をからかうしぐさをすることがある（からかいの芽生え）
情Ⅴ-2　　ほめられることを意識して喜ぶ
情Ⅴ-3　　多少嫌なことでも2回くらいなら指示に応じられる
情Ⅴ-4　　慣れている場面であれば少々変化があっても予測でき、情緒が安定していることが多い
情Ⅴ-5　　大人が働きかければ、情緒的なやりとりができる

## 視覚運動協応　Ⅴ水準
視運Ⅴ-1　　直線の線上なぞりができる
視運Ⅴ-2　　丸や直線の模写ができる
視運Ⅴ-3　　片手でトライアングルのひもを持ちあげながら、バチで数回たたける
視運Ⅴ-4　　繰り返しのパターン身体模倣なら確実にできる
視運Ⅴ-5　　新しい即時対応模倣がまれにみられる

**聴覚運動協応　Ｖ水準**

聴運Ｖ－1　楽器操作で違う音を意識して出して楽しむ
聴運Ｖ－2　知っている歌に合わせて声を出す
聴運Ｖ－3　知っている曲のテンポやリズムの一部を真似して打つ
聴運Ｖ－4　繰り返された曲で、ゆっくり・速いを意識して、打ったり歩いたりする
聴運Ｖ－5　パターン的な３音節の発声の模倣ができる

**手先の運動　Ｖ水準**

手Ｖ－1　小さい穴のひもとおしができる
手Ｖ－2　３センチの立方体積み木を７個積む
手Ｖ－3　ビンのフタをまわして開ける
手Ｖ－4　洗濯バサミで物をはさむ
手Ｖ－5　多方向の溝板の始点から終点までなぞる

**粗大運動協応　Ｖ水準**

粗大Ｖ－1　ひざ上のハードルをまたいで移動する
粗大Ｖ－2　目標に向けてバレーボールを転がす
粗大Ｖ－3　静止したボールを蹴る
粗大Ｖ－4　斜めはしごを四肢協応させてのぼる
粗大Ｖ－5　終点を意識して直線上を移動できる

**発語　Ｖ水準**

発Ｖ－1　知っている歌に合わせて声を出す
発Ｖ－2　パターン的な３音節の発声の模倣ができる
発Ｖ－3　吹いて音の出るおもちゃで持続的（30秒以上）に遊ぶ
発Ｖ－4　３語以上状況に合った伝達語が使える
発Ｖ－5　語頭や語尾のみ等の省略があることばを含めて15個以上発語する

※Ⅴ水準（対応知覚水準）のチェック項目の解説
① 基視Ⅴ－2・知Ⅴ－2：指さし対応弁別は図8－2参照。
② 基視Ⅴ－3・知Ⅴ－3：指さし－指さし対応弁別は図8－3参照。
③ 細視Ⅴ－3・知Ⅴ－8：構成三角形は写真8－18参照。
④ 細視Ⅴ－4・知Ⅴ－9：三分割の絵の構成は写真8－17参照。
⑤ 全視Ⅴ－1・知Ⅴ－11：代表性とは「くつ」でも赤い靴も、長靴も、スポーツシューズも同一名称のものとして分類できることをさす。
⑥ 全視Ⅴ－4・知Ⅴ－12：例えば、皿の中の食べ物の絵をみて、とって食べるまねをする。
⑦ 全視Ⅴ－5・知Ⅴ－13：具体物の替わりに絵カードによる指示で動ける。
⑧ 基聴Ⅴ－2・知Ⅴ－15：写真8－22のような絵カードで楽器音の弁別。
⑨ 基聴Ⅴ－4・知Ⅴ－17：写真8－23のような絵カードで動作語の指示理解。

# Ⅵ水準（象徴化水準）の領域別評価

**細部視知覚　Ⅵ水準**

細視Ⅵ－1　　5種大小はめ板を順番に系列弁別する
細視Ⅵ－2※　複雑な図から地を弁別できる
細視Ⅵ－3※　長方形2×3種の絵カードの構成ができる
細視Ⅵ－4※　2×3種の位置の把握ができる
細視Ⅵ－5※　異なる3種の積み木を見本通りに積む（重ね合わせはしない）

**全体視知覚　Ⅵ水準**

全視Ⅵ－1　　絵カードによる4種の上位属性分類
全視Ⅵ－2※　机と椅子のように、生活上関係のある事物の絵カードを関連づける
全視Ⅵ－3　　身振り行為と絵カードとが10枚以上対応できる

全視Ⅵ-4　みたて行為を二つ繋げるあそび
全視Ⅵ-5※　木片等の脱文脈的素材で自発的にみたてられる

**細部聴知覚　Ⅵ水準**
細聴Ⅵ-1　3音節以上の名称絵カード10枚のなかから、言語指示で30種以上とれる
細聴Ⅵ-2※　二つの楽器音を隠れて同時または継次に提示し、6枚以上の絵カードのなかから正解がとれる
細聴Ⅵ-3　言語指示で8色以上の色が指せる
細聴Ⅵ-4　言語指示された二つの名称を記憶して、離れた場所から絵カードや具体物をとってくる
細聴Ⅵ-5　名字や名前のいずれかが違えば、自分でないことが理解される

**全体聴知覚　Ⅵ水準**
全聴Ⅵ-1※　歌詞のないメロディーを聴いて該当する歌の絵カードを弁別する
全聴Ⅵ-2　言語指示で、5人以上の顔写真から正解を指せる（含むお父さん、ぼく等）
全聴Ⅵ-3　動作語絵カードを見て言語指示で12枚以上指せる
全聴Ⅵ-4　主語または目的語＋述語の語連鎖構文（2要因）を聴いて、絵カードや人形で再現する
全聴Ⅵ-5　用途指示で該当絵カードを10枚以上指せる（切るものどれ？－はさみの絵）

**知恵　Ⅵ水準**
知Ⅵ-1　5種大小はめ板を順番に系列弁別する
知Ⅵ-2※　複雑な図から地を弁別できる
知Ⅵ-3※　長方形2×3種の絵カードの構成ができる
知Ⅵ-4※　2×3種の位置の把握ができる

Ⅱ　感覚と運動の高次化発達水準からみた領域別の評価　213

| 知Ⅵ-5※ | 異なる3種の積み木を見本通りに積む（重ね合わせはしない） |
| 知Ⅵ-6 | 絵カードによる4種の上位属性分類 |
| 知Ⅵ-7※ | 机と椅子のように、生活上関係のある事物の絵カードを関連づける |
| 知Ⅵ-8 | 身振り行為と絵カードとが10枚以上対応できる |
| 知Ⅵ-9 | みたて行為を二つ繋げるあそび |
| 知Ⅵ-10※ | 木片等の脱文脈的素材で自発的にみたてられる |
| 知Ⅵ-11 | 3音節以上の名称絵カード10枚のなかから、言語指示で30種以上とれる |
| 知Ⅵ-12※ | 二つの楽器音を隠れて同時または継次に提示し、6枚以上の絵カードのなかから正解がとれる |
| 知Ⅵ-13 | 言語指示で8色以上の色が指せる |
| 知Ⅵ-14 | 言語指示された二つの名称を記憶して、離れた場所から絵カードや具体物をとってくる |
| 知Ⅵ-15 | 名字や名前のいずれかが違えば、自分でないことが理解される |
| 知Ⅵ-16※ | 歌詞のないメロディーを聴いて該当する歌の絵カードを弁別する |
| 知Ⅵ-17 | 言語指示で、5人以上の顔写真から正解を指せる（含むお父さん、ぼく等） |
| 知Ⅵ-18 | 動作語絵カードを見て言語指示で12枚以上指せる |
| 知Ⅵ-19 | 主語または目的語＋述語の語連鎖構文（2要因）を聴いて、絵カードや人形で再現する |
| 知Ⅵ-20 | 用途指示で該当絵カードを10枚以上指せる（切るものどれ？－はさみの絵） |
| 知Ⅵ-21 | 遊具に規定された役割をとって遊ぶ（ボウリングのピンをたてる役） |
| 知Ⅵ-22 | 人物やキャラクターの役割のつもりになって、大人とやりとりする |
| 知Ⅵ-23 | 一つの事柄を覚えて、動作または言語で再生する記憶課題 |
| 知Ⅵ-24 | 二つの事柄を覚えて、絵カードや具体物で再認する記憶課題 |
| 知Ⅵ-25 | 二つの事柄を覚えて、動作・言語で再生する記憶課題 |

## 自己像　Ⅵ水準

自Ⅵ-1　遊具に規定された役割をとって遊ぶ（ボウリングのピンをたてる役）
自Ⅵ-2　人物やキャラクターの役割のつもりになって、大人とやりとりする
自Ⅵ-3　からかいを大人とのやりとりの手段にする
自Ⅵ-4　大人に向かって積極的な働きかけができ、情緒的な相互交渉を楽しむ
自Ⅵ-5　自らの意思伝達のために日常的に、絵カードや身振りサイン、ことばを使う

## 情緒　Ⅵ水準

情Ⅵ-1　からかいを大人とのやりとりの手段にする
情Ⅵ-2　大人に向かって積極的な働きかけができ、情緒的な相互交渉を楽しむ
情Ⅵ-3　場面変化や新しい事態でも、絵カードやことばによって状況が予測され、安定しやすい
情Ⅵ-4　情緒不安定になっても、しばらくすると自分でなんとか制御して立ち直れる
情Ⅵ-5[※]　前に出てひとりですることを大層恥ずかしがる

## 視覚運動協応　Ⅵ水準

視運Ⅵ-1　ピンセットで1センチ大に切った消しゴムをつまみ、スムーズに別の皿に移す
視運Ⅵ-2　ＶやＬ等の2方向の線上なぞりができる
視運Ⅵ-3　波線や＋の模写ができる
視運Ⅵ-4　パターン的な非対称的、交差的身体模倣ができる
視運Ⅵ-5　新しい即時模倣がみられる

## 聴覚運動協応　Ⅵ水準

聴運Ⅵ-1　大人のまねをしながら強弱をつけてたたく
聴運Ⅵ-2　大人の歌に合わせて歌詞の一部（単語程度）をうたう
聴運Ⅵ-3　知っている4音節単語の音声模倣が7種類以上可能である
聴運Ⅵ-4　二桁の数唱か、2音節の即時無意味音声模倣が、確実にできる
聴運Ⅵ-5　繰り返された曲で、ゆっくり・普通・速いの3テンポに合わせて打ったり行進できる

## 手先の運動　Ⅵ水準

手Ⅵ-1　はさみで直線的に2回続けて切り進む
手Ⅵ-2　折り紙を半分に折り、折り目をつける
手Ⅵ-3　ピンセットで1センチ大に切った消しゴムをつまみ、スムーズに別の皿に移す
手Ⅵ-4　VやL等の2方向の線上なぞりができる
手Ⅵ-5　波線や＋の模写ができる

## 粗大運動協応　Ⅵ水準

粗大Ⅵ-1　床に並べたフープを連続して飛んでいく
粗大Ⅵ-2　スクーターボードに腹ばいで自力移動できる
粗大Ⅵ-3　1メートル先の目標に向けて、ボールを投げる
粗大Ⅵ-4　直線上をゆっくり歩いて移動する
粗大Ⅵ-5　三輪車をこぐ

## 発語　Ⅵ水準

発Ⅵ-1　大人の歌に合わせて歌詞の一部（単語程度）をうたう
発Ⅵ-2　知っている4音節単語の音声模倣が7種類以上可能である
発Ⅵ-3　時々大人のまねをしながら、吹き方に強弱をつけて笛を吹く
発Ⅵ-4　二語文で伝達しようとすることがある

発Ⅵ-5　　　絵を見て、語の省略なしに、動作語が7種以上言える

※Ⅵ水準（象徴化水準）のチェック項目の解説
① 細視Ⅵ-2・知Ⅵ-2：複雑な図と地の例は写真9-3参照。
② 細視Ⅵ-3・4・5・知Ⅵ-3・4・5：写真9-1参照。
③ 全視Ⅵ-2・知Ⅵ-7：関係づけの課題は写真9-4参照。
④ 全視Ⅵ-5・知Ⅵ-10：写真9-9の木片を使ってみたて行為をする。
⑤ 細聴Ⅵ-2・知Ⅵ-12：写真9-5の楽器当て同時提示参照。
⑥ 全聴Ⅵ-1・知Ⅵ-16：いつも聴いて知っている歌の絵カードから弁別、写真9-7参照。
⑦ 情Ⅵ-5：前に出て恥ずかしがる状態像は既に通り過ぎていることも多い。

## Ⅶ水準（概念化1水準）の領域別評価

### 細部視知覚　Ⅶ水準

細視Ⅶ-1　　　10種大小はめ板を順番に系列弁別する

細視Ⅶ-2　　　完成した絵が非対称となる長方形8枚の絵カードを構成する

細視Ⅶ-3※　　5個以上の積み木で、見えない部分を含む三次元（縦、横、奥行き）の見本項にあわせて、積み木構成する

細視Ⅶ-4※　　4個以上の異なるウッドビーズやリングを用いて、見本通り順番に棒にさす

細視Ⅶ-5　　　単語文字カードと絵カードとが対応できる

### 全体視知覚　Ⅶ水準

全視Ⅶ-1　　　複雑な関連をもつ絵同士をマッチングする（空に凧、海にワカメ等）

全視Ⅶ-2※　　2要因が含まれた1枚の絵を、関連づけて意味理解し該当カードを指す

| 全視Ⅶ－3 | 単純な絵本のストーリーを理解して、いくつかの場面を表現する |
| 全視Ⅶ－4 | みたて行為を四つ繋げる |
| 全視Ⅶ－5 | 属性が同じ絵カードのなかから、仲間はずれの絵カードを探す |

### 細部聴知覚　Ⅶ水準

| 細聴Ⅶ－1 | 言語指示で12色以上の色が指せる |
| 細聴Ⅶ－2 | 三つの楽器音を隠れて継次に提示し、6枚以上の絵カードのなかから正解がとれる |
| 細聴Ⅶ－3 | 言語指示された三つの名称を記憶して、離れた場所から絵カードや具体物をとってくる |
| 細聴Ⅶ－4 | 助詞がはいった二語文の模倣再生ができる |
| 細聴Ⅶ－5 | 三音節単語を聴いて、3枚以上の単語文字カードのなかから指せる |

### 全体聴知覚　Ⅶ水準

| 全聴Ⅶ－1 | 上下、前後の言語指示で物が置ける |
| 全聴Ⅶ－2※ | 四語文を言語指示で理解して、絵カードや具体物、人形等で再現する |
| 全聴Ⅶ－3 | 野菜、飛ぶ物といった難しい上位属性概念言語で、絵カードが指せる |
| 全聴Ⅶ－4 | 臨機応変に4語程度の多語文を理解し、対応した行動ができる |
| 全聴Ⅶ－5 | 二つの要因を含んだなぞなぞの答えを、6枚以上の絵カードのなかから弁別（例　飛行機、鳥、犬、車、凧、バイクの絵から、空飛ぶ乗り物で弁別） |

### 知恵　Ⅶ水準

| 知Ⅶ－1 | 10種大小はめ板を順番に系列弁別する |
| 知Ⅶ－2 | 完成した絵が非対称となる長方形8枚の絵カードを構成する |

| | |
|---|---|
| 知Ⅶ-3※ | 5個以上の積み木で、見えない部分を含む三次元（縦、横、奥行き）の見本項にあわせて、積み木構成する |
| 知Ⅶ-4※ | 4個以上の異なるウッドビーズやリングを用いて、見本通り順番に棒にさす |
| 知Ⅶ-5 | 単語文字カードと絵カードとが対応できる |
| 知Ⅶ-6 | 複雑な関連をもつ絵同士をマッチングする（空に凧、海にワカメ等） |
| 知Ⅶ-7※ | 2要因が含まれた1枚の絵を、関連づけて意味理解し該当カードを指す |
| 知Ⅶ-8 | 単純な絵本のストーリーを理解して、いくつかの場面を表現する |
| 知Ⅶ-9 | みたて行為を四つ繋げる |
| 知Ⅶ-10 | 属性が同じ絵カードのなかから、仲間はずれの絵カードを探す |
| 知Ⅶ-11 | 言語指示で12色以上の色が指せる |
| 知Ⅶ-12 | 三つの楽器音を隠れて継次に提示し、6枚以上の絵カードのなかから正解がとれる |
| 知Ⅶ-13 | 言語指示された三つの名称を記憶して、離れた場所から絵カードや具体物をとってくる |
| 知Ⅶ-14 | 助詞がはいった二語文の模倣再生ができる |
| 知Ⅶ-15 | 3音節単語を聴いて、3枚以上の単語文字カードのなかから指せる |
| 知Ⅶ-16 | 上下、前後の言語指示で物が置ける |
| 知Ⅶ-17※ | 四語文を言語指示で理解して、絵カードや具体物、人形等で再現する |
| 知Ⅶ-18 | 野菜、飛ぶ物といった難しい上位属性概念言語で、絵カードが指せる |
| 知Ⅶ-19 | 臨機応変に4語程度の多語文を理解し、対応した行動ができる |
| 知Ⅶ-20 | 二つの要因を含んだなぞなぞの答えを、6枚以上の絵カードのなかから弁別（例　飛行機、鳥、犬、車、凧、バイクの絵から、空飛ぶ乗り物で弁別） |
| 知Ⅶ-21 | 三つの事柄を覚えて、絵カードで再認する記憶課題 |

| | | |
|---|---|---|
| 知Ⅶ-22 | 三つの事柄を覚えて、動作や言語で再生する記憶課題 | |
| 知Ⅶ-23 | 数字や数唱と5までの数の概念が対応している | |
| 知Ⅶ-24 | 6から10までの数を5＋aの合成として理解している | |
| 知Ⅶ-25 | 3音節単語を一文字チップで構成できる | |
| 知Ⅶ-26 | パターン的なゲームあそびで勝敗がわかる | |
| 知Ⅶ-27 | 他児との簡単なルールを伴う協同あそびができる | |
| 知Ⅶ-28 | 単語文字カードをみて指示理解がわかり、行動できる | |

## 自己像　Ⅶ水準

| | |
|---|---|
| 自Ⅶ-1 | 集団での係り仕事を積極的にやりたがる |
| 自Ⅶ-2 | 自分の意思を三語文や文章カード、もしくは二語文的身振りで伝える |
| 自Ⅶ-3 | つもりあそびで、役割取得を自由に交替できる |
| 自Ⅶ-4 | 自尊心が傷つけば強く拒否し、納得できればすすんでする（自我強調の拒否） |
| 自Ⅶ-5 | 勝敗がわかり自分が勝つことを喜んだりこだわったりする |

## 情緒　Ⅶ水準

| | |
|---|---|
| 情Ⅶ-1 | 自尊心が傷つけば強く拒否し、納得できればすすんでする（自我強調の拒否） |
| 情Ⅶ-2 | 勝敗がわかり自分が勝つことを喜んだりこだわったりする |
| 情Ⅶ-3 | あそびを通して自分でストレスを発散する反社会的でない手段をもっている |
| 情Ⅶ-4 | 過去に同じ様な経験をしていれば、全く新しい場面でも不安定になりにくい |
| 情Ⅶ-5 | どんなに新しくても、状況が理解でき、終始穏やかである |

## 視覚運動協応　Ⅶ水準

| | |
|---|---|
| 視運Ⅶ-1※ | ○と＋等を合成して、簡単な合成図形が模写ができる |
| 視運Ⅶ-2 | 「い、し、う」等の簡単な文字が5文字以上模写できる |
| 視運Ⅶ-3 | 長方形の模写ができる |
| 視運Ⅶ-4 | 分岐点が四つある迷路を、間違えずにできる |
| 視運Ⅶ-5 | 左と右とで異なる両手手指の模倣ができる |

## 聴覚運動協応　Ⅶ水準

| | |
|---|---|
| 聴運Ⅶ-1 | 助詞がはいった二語文の模倣再生ができる |
| 聴運Ⅶ-2 | 新しい曲の強弱にあわせられる |
| 聴運Ⅶ-3 | 音楽にあわせて二拍子打ちができる |
| 聴運Ⅶ-4 | テンポにあわせて身体模倣もしながら行進する |
| 聴運Ⅶ-5 | 音の高低の違いや曲のイメージをききわけて、身体的表現をする |

## 手先の運動　Ⅶ水準

| | |
|---|---|
| 手Ⅶ-1 | 粘土で玉や棒状の形のあるものを作る |
| 手Ⅶ-2 | 指で1から10までの数の型が示せる（数の概念成立は不問） |
| 手Ⅶ-3※ | ○と＋等を合成して、簡単な合成図形が模写ができる |
| 手Ⅶ-4 | 「い、し、う」等の簡単な文字が5文字以上模写できる |
| 手Ⅶ-5 | 長方形の模写ができる |

## 粗大運動協応　Ⅶ水準

| | |
|---|---|
| 粗大Ⅶ-1 | 片足立ちで数秒間立てる |
| 粗大Ⅶ-2 | 膝上の高さの平均台を、ひとりでスムーズに渡る |
| 粗大Ⅶ-3 | 足首をもってもらった手押し車が可能である。 |
| 粗大Ⅶ-4 | ビーチボールで2メートルの距離からキャッチボールする |
| 粗大Ⅶ-5 | お手玉を手の甲や頭上にのせて移動できる |

## 発語　Ⅶ水準

発Ⅶ-1　2要因の意味を含む1枚の絵の内容を関連づけて、意味理解しことばで答える

発Ⅶ-2　「お名前は」で姓名ともに正しく言える

発Ⅶ-3　単純な絵本のストーリーを部分的に言語表現する（だれが、どこで、何を等の一部について答えられる）

発Ⅶ-4　簡単な質問に一ないし二語文で答える

発Ⅶ-5　四語文の産出がみられる

## ※Ⅶ水準（概念化1水準）のチェック項目の解説

① 細視Ⅶ-3・知Ⅶ-3：三次元積み木構成とは写真10-5の右側の奥行のある構成課題を5個以上にしたもの。

② 細視Ⅶ-4・知Ⅶ-4：写真10-6の空間構成リングさし参照。

③ 全視Ⅶ-2・知Ⅶ-7：全体視知覚の教材写真10-9参照。

④ 全聴Ⅶ-2・知Ⅶ-17：四語文理解の例は、写真10-11下の部分の課題参照。

⑤ 視運Ⅶ-1・手Ⅶ-3：図形模写は、写真10-8右の教材参照。

# Ⅷ水準（概念化2水準）の領域別評価

## 細部視知覚　Ⅷ水準

細視Ⅷ-1　3種類以上の異なるビーズを使って、10個の見本通りに順番にひもをとおす

細視Ⅷ-2　三語連鎖構文以上の文章を読んで、実物や人形等で再現する

細視Ⅷ-3　三語文以上の文章を読んで、状況の指示理解ができる

細視Ⅷ-4　5×5以上のペグボードで、見本にあわせて複雑な合成図形ができる

細視Ⅷ-5　10枚以上の正三角形を用いて、指定された図形をつくる

## 全体視知覚　Ⅷ水準

全視Ⅷ-1　　4要因の意味を含む1枚の絵の内容を関連づけて意味理解し、文章カードを選択することで正解できる

全視Ⅷ-2※　絵画類推課題ができる（絵カードでお母さんには赤ちゃん、にわとりには？─ひよこの絵を選択）

全視Ⅷ-3　　ストーリーを伴った即興的なごっこあそびが展開できる

全視Ⅷ-4※　5枚以上の新しい絵画配列課題ができる

全視Ⅷ-5　　絵本のストーリーを理解していることが、具体物の使用や絵カードで確認できる

## 細部聴知覚と全体聴知覚　Ⅷ水準（同一内容）

細聴・全聴Ⅷ-1　　三つの楽器音を隠れて同時に提示し、6枚以上の絵カードのなかから正解がとれる

細聴・全聴Ⅷ-2　　過去の出来事についての質問に、文章カード選択や多語文で表現する

細聴・全聴Ⅷ-3※　語の順序が入れ替わった際の、意味の違いが理解できる（箱の上に積み木を置くと積み木の上に箱を置くことの違い等）

細聴・全聴Ⅷ-4　　なぞなぞや関係類推課題に、文字カード選択やことばで答えられる

細聴・全聴Ⅷ-5　　重い・軽いや硬い・柔らかい等の反対概念を、文字カード選択やことばで答えられる

## 知恵　Ⅷ水準

知Ⅷ-1　　3種類以上の異なるビーズを使って、10個の見本通りに順番にひもをとおす

知Ⅷ-2　　三語連鎖構文以上の文章を読んで、実物や人形等で再現する

知Ⅷ-3　　三語文以上の文章を読んで、状況の指示理解ができる

| | |
|---|---|
| 知Ⅷ-4 | 5×5以上のペグボードで、見本にあわせて複雑な合成図形ができる |
| 知Ⅷ-5 | 10枚以上の正三角形を用いて、指定された図形をつくる |
| 知Ⅷ-6 | 4要因の意味を含む1枚の絵の内容を関連づけて意味理解し、文章カードを選択することで正解できる |
| 知Ⅷ-7※ | 絵画類推課題ができる（絵カードでお母さんには赤ちゃん、にわとりには？―ひよこの絵を選択） |
| 知Ⅷ-8 | ストーリーを伴った即興的なごっこあそびが展開できる |
| 知Ⅷ-9※ | 5枚以上の新しい絵画配列課題ができる |
| 知Ⅷ-10 | 絵本のストーリーを理解していることが、具体物の使用や絵カードで確認できる |
| 知Ⅷ-11 | 4音節単語を見本なしで書ける |
| 知Ⅷ-12 | 三つの楽器音を隠れて同時に提示し、6枚以上の絵カードのなかから正解がとれる |
| 知Ⅷ-13 | 過去の出来事についての質問に、文章カード選択や多語文で表現する |
| 知Ⅷ-14※ | 語の順序が入れ替わった際の、意味の違いが理解できる（箱の上に積み木を置くと積み木の上に箱を置くことの違い等） |
| 知Ⅷ-15 | なぞなぞや関係類推課題に、文字カード選択やことばで答えられる |
| 知Ⅷ-16 | 重い・軽いや硬い・柔らかい等の反対概念を、文字カード選択やことばで答えられる |
| 知Ⅷ-17 | 四つの事柄を覚えて再認する記憶課題 |
| 知Ⅷ-18 | 10の合成分解が頭の中で理解されている |
| 知Ⅷ-19 | 10を越す加算ができる |
| 知Ⅷ-20 | 10以下での減算ができる |
| 知Ⅷ-21 | 1文字チップで三語文の構成ができる |
| 知Ⅷ-22 | 1文字チップによる構文構成で「が・は・を・に・の」の助詞が正しく使える |

| 知Ⅷ-23 | 絵本の文章を読んでストーリーが理解できる |
| 知Ⅷ-24 | ジャンケンが理解できる |
| 知Ⅷ-25 | 即興的なルール・ゲームあそびを楽しむ |
| 知Ⅷ-26 | 自分の意思を、多語文や文章カード選択、書字で伝える |

## 自己像　Ⅷ水準

| 自Ⅷ-1 | 自分の意思を、多語文や文章カード選択、書字で伝える |
| 自Ⅷ-2 | 負けも肯定でき、勝ち負けのルールを楽しめる |
| 自Ⅷ-3 | 集団への同化・協調や競争意識が育ち、他児との協同あそびを楽しむ |
| 自Ⅷ-4 | 社会的ルールの理解や羞恥心によって、行動を制御できる |
| 自Ⅷ-5 | 他者の気持ちをくみとって、自己を調節する |

## 情緒　Ⅷ水準

| 情Ⅷ-1 | 集団への同化・協調や競争意識が育ち、他児との協同あそびを楽しむ |
| 情Ⅷ-2 | 社会的ルールの理解や羞恥心によって、行動を制御できる |
| 情Ⅷ-3 | 他者の気持ちをくみとって、自己を調節する |
| 情Ⅷ-4 | 不安な気持ちや感情を多語文で表現する |
| 情Ⅷ-5 | 情緒が不安になりそうでも、集団に合わせようとして自己制御する |

## 視覚運動協応　Ⅷ水準

| 視運Ⅷ-1 | 曲線も含まれる絵を、線上にそってハサミでほとんど正確に切りとれる |
| 視運Ⅷ-2 | 家等の三角形を含む複雑な合成図形を模写できる |
| 視運Ⅷ-3 | 「め・ね・み・ぬ・ゆ・む」等の難しい文字が書ける |
| 視運Ⅷ-4 | 4音節単語を見本なしで書ける |
| 視運Ⅷ-5 | 色音符を見ながら、楽器でメロディーが演奏できる |

### 聴覚運動協応　Ⅷ水準

聴運Ⅷ-1　色音符を見ながら、楽器でメロディーが演奏できる
聴運Ⅷ-2　音楽にあわせて、歌詞をほとんど正確に歌える
聴運Ⅷ-3　音楽にあわせて、「トン・トン・パ」等の簡単なリズムをとって打つ
聴運Ⅷ-4　音楽をききわけて、イメージを持った身体的表現をする
聴運Ⅷ-5　四語文の模倣再生ができる

### 手先の運動　Ⅷ水準

手Ⅷ-1　おはしで物をつまんで、別の皿に移し変える
手Ⅷ-2　曲線も含まれる絵を、線上にそってハサミでほとんど正確に切りとれる
手Ⅷ-3　家等の三角形を含む複雑な合成図形を模写できる
手Ⅷ-4　「め・ね・み・ぬ・ゆ・む」等の難しい文字が書ける
手Ⅷ-5　4音節単語を見本なしで書ける

### 粗大運動協応　Ⅷ水準

粗大Ⅷ-1　シーソーブランコにのりながら大きめの輪を棒に入れる
粗大Ⅷ-2　両手を頭上で伸展させたまま、曲がらずに横転していける
粗大Ⅷ-3　スキップができる
粗大Ⅷ-4　横に揺れている縄跳びを飛びこえる
粗大Ⅷ-5　ケンケンができる

### 発語　Ⅷ水準

発Ⅷ-1　1文字チップによる構文構成で「が・は・を・に・の」の助詞が正しく使える
発Ⅷ-2　絵本のストーリを理解して言語表現できる
発Ⅷ-3　自分の意思を多語文によって伝える

発Ⅷ-4　なぞなぞや関係類推にことばで答える
発Ⅷ-5　過去の出来事の質問に多語文で表現する

※Ⅷ水準（概念化2水準）のチェック項目の解説
① 全視Ⅷ-2・4・知Ⅷ-7・9：写真10-14の絵画類推と絵画配列カード参照。
② 細聴・全聴Ⅷ-3・知Ⅷ-14：写真10-23の語の入れ替えによる構文の学習参照。

## 感覚と運動の高次化パターン化チェックリスト

【チェック方法】
① 知覚運動水準から象徴化水準までは、パターン化Ⅰ型とパターン化Ⅱ型をチェック
② 概念化1水準と概念化2水準は、パターン化Ⅱ型とパターン化Ⅲ型をチェック

【判定基準】
① Ⅰ型・Ⅱ型、またはⅡ型・Ⅲ型のいずれかで、二つの類型をあわせて4カ所以上「有」があれば、パターン処理型とする
② ひとつの類型で3カ所以上「有」があってもパターン処理型とする

### パターン化Ⅰ型

パⅠ-1　好きなキャラクターや特定の物を持ったまま離せないことが多い
パⅠ-2　物を並べたり、決められた向きにして遊ぶことが多い
パⅠ-3　電気の点灯、扉の開閉、トイレットペーパー、トイレの水洗、電気製品のスイッチ等に、こだわることが多い
パⅠ-4　決まった状況での儀式的行為がみられたり、状況や配置の変更を嫌がる

パⅠ-5　特定の人への関心が強く、存在を気にしたり侵害したりすることや、人が異なると不安定になりやすい

**パターン化Ⅱ型**
パⅡ-1　数字やマークや特定メーカーの商品へのこだわりが強くみられる
パⅡ-2　物の使い方や課題の方法をいつもと違う手順にすると不安定になる
パⅡ-3　普段行っている活動の順番が異なったり、行事になると不安定になる
パⅡ-4　道順やいつも行く場所が決まっていて、異なると不安定になる
パⅡ-5　ビデオやコマーシャルやキャラクター等の特定のことばへのこだわりがある

**パターン化Ⅲ型**
パⅢ-1　物への嗜好性が強く、気に入ったものに固執しやすいが、納得すればしまえる
パⅢ-2　場所への嗜好性が強く、自分の席や位置に固執することがある
パⅢ-3　一番や勝敗へのこだわりが強くみられる
パⅢ-4　強迫的に同じ質問を繰り返したり、定型的な会話をしたりする
パⅢ-5　劣等感から生じる苦手行動への回避パターンがみられる

## 索　引

### あ　行

アイコンタクト　85
仰向けの姿勢　92
あそびの拡がり　138
合わせていく楽しさ　39
合わせる世界　122
一方だし模倣　119
イメージの共有　141
イメージの世界　32
因果関係の理解　25
因果関係理解　54, 94
因果関係理解を高める　98
うつ伏せの姿勢　93
運動感覚による始点と終点　103
運動調節　21
運動の自発　92
運動表現の静止　97
絵カードによる伝達　132
笑顔　16
ＬＤ児のつまずき　183
応答性　60, 61
応答性の強さ　98
音楽療法　79
音声模倣　32, 120

### か　行

外界志向性　41
外界へ向かう姿勢　21
概念　49
概念化　87
概念化１水準　144
概念化２水準　144, 153
概念化の世界　144
概念化のつまずき　173
覚醒水準　52
覚醒レベル　101, 167
過剰興奮　17, 101
課題場面　44
活動・教具の切り替え方　58
からかいの拒否　132

感覚運動アプローチ　79
感覚運動水準　100
感覚受容　84
感覚と運動の高次化　80
感覚と運動の高次化発達診断評価法　36, 188
感覚と運動の高次化発達診断モデル　189
感覚と運動の高次化発達水準　27
感覚と運動の高次化発達臨床モデル　86
感覚と運動の高次化理論　78
感覚と運動の繋がり　83, 94
感覚入力系　189
感覚入力水準　91
感覚入力と運動表出の繋がりにくさ　167
感覚入力レベル　166
感覚の過敏性　17, 167
関係性の始点と終点　105
関係づけ概念　135
間主観的理解　68
間接化　86
間接化された世界　134
記憶　85
記憶の多容量化　152
ききとる　37
ききわける力　129
記号操作　32, 145
基礎視知覚　189
基礎聴知覚　189
記銘　85
客観的理解　69
協応　24
教具の応答性　58, 98
協調運動　21
協調運動の障害　175
拒否の発達　60
空間的文脈　31
繰り返されている模倣　131
グルーピング　56
Cruickshank　79
ケース検討　61
Kephart　79

言語性ＬＤ児　183
行為の終わり　25
行為の終わりの気づき　168
高機能自閉症児のつまずき　181
構号化障害　175
恒常的な情緒の安定　174
構造化　9, 171
肯定的な自己概念　145
行動療法　79
誤学習　51, 132
個人内差　35
個人内の発達差　3, 48
ごっこあそび　145
コミュニケーション　40
コミュニケーション手段　27
固有感覚　3, 19
語連鎖　155

## さ　行

座位姿勢　93
細部視知覚　148, 189
細部知覚　87, 148
細部知覚と全体知覚のアンバランス　172
細部聴知覚　150, 189
三項関係　39, 131
三次元空間　32
３種位置記憶　113
自我強調の拒否　145
視覚運動協応　37, 189
視覚的分類　135
視覚と聴覚の統合　85
視覚入力系　189
視覚による始点と終点　103
視覚優位　26, 170
時系列の文脈　31
志向性　21
自己概念　49
自己肯定感　174
自己刺激的行動　19, 20, 30
自己像　38, 40, 189
自己像発達のつまずき　173
自己調節性　41
姿勢・運動　40
姿勢の保持　25, 82

視線　2, 16
自尊心　145
視知覚　37, 87
視知覚と聴知覚の統合のしにくさ　170
実践的やりとり　8, 9
質的転換　34
始点と終点　54
始点と終点の連鎖化　105
事物操作　25
集中力　21
終点　54
重度遅滞児のつまずき　177
柔軟な概念化　153
柔軟に考える　144
自由場面　44
手段を繋げる　25
主導性　60, 61
受動と能動の交代　101
障害の分類　164
情緒　189
情緒の恒常的な安定　142
象徴あそび　145
象徴化　87
象徴化水準　134
象徴化の世界　133
象徴化のつまずき　173
象徴機能　174
象徴機能の獲得　174
常同行動　19
情動の調節　40, 167
初期の感覚と運動の世界　90
触運動感覚　32, 82
触運動的探索システム　82
触感覚　3
触覚の過敏性　18
処理系　189
身体接着型の模倣　120
身体像　23
身体模倣　32, 120
信頼性　68
心理検査　8, 9
心理療法的アプローチ　79
好き嫌いの拒否　121, 170
好き嫌いの芽生え　106

ステップアップ　62
ステップダウン　62
図と地の弁別　118
静的活動と動的活動　56
線　32
前言語機能　85
全体視知覚　150, 189
全体知覚　87, 150
全体聴知覚　151, 189
選択項　115
前庭感覚　3, 19
相互化　141
相互的なやりとり　39
相互反応的　69
粗大運動協応　190
粗大な運動　37
育ちの保障　34

## た　行

第一次循環反応　20
対応知覚水準　124
対応弁別　114
対応弁別ポインティング　126
代表性　115
代表性の分類　115
ダウン症児のつまずき　180
多語構文　155
他児との協同的活動　39
脱中心化　139
脱文脈化　139
タテの系　34, 47
縦割りグループ　56
多動　21
妥当性　68
短期目標　53
知恵　189
知覚運動水準　106
知覚失認様行動　170
知覚の世界　111
知覚の弁別能力　26
知覚弁別力　85
知覚レベル　169
知的好奇心　21
注意力　21

注意力・集中力　172
注意力・集中力が育ちにくい　173
中核となる発達レベル　172
抽象的思考　163
中度自閉症児のつまずき　178
聴覚運動協応　37, 189
聴覚入力系　189
聴覚による始点と終点　103
聴覚の過敏性　18
聴覚優位　26, 170
長期目標　53
聴知覚　37, 87
直接的な世界　134
治療教育　79
鎮静化　109
適正な情動域　17
適正な情動レベル　101
適切な距離　132
適度な危機や内的矛盾　47
適度な内的な矛盾や危機　34
手先の運動　37, 190
手の操作性　107
伝達機能　40
伝達行動系のつまずき　176
伝達手段　123
統合化　139
道徳心の芽生え　147

## な　行

内言語　144
内受容感覚　37
中島昭美　78
二次的な適応障害　173
認知発達　60
認知発達臨床　39

## は　行

パターン化　120, 169
パターン化チェックリスト　226
パターン知覚水準　111
パターン弁別　114
パターン模倣　119
発語　190
発声構音面の障害　175

発達課題　33
発達水準　32, 56
発達性視覚失認様行動　171
発達性聴覚失認様行動　171
発達的意味　15, 29
発達的文脈　31
発達の全体性　48
発達のつまずき　51
発達プロセスからみた障害理解　166
発達別グループ　56
発達要因間の絡み合い　37
発達臨床的アセスメント　5, 14, 43
発達臨床的視点　29
発達臨床類型　80
発達論的アプローチ　80
場面差　8
場面の構成　56
Piaget　19
非覚醒　101
非言語性ＬＤ児　183
非構造化　8
被転導性　21
ひとりよがりな解釈　69
表出系　190
表出系レベル　174
象徴あそび　139
表象機能　2, 3, 23
表象の世界の成立　134
Frostig　79

### ま　行

味覚や嗅覚の過敏性　17
見比べる力　115
未学習　51
未経験　51
みたてあそび　32, 38, 139
身振りによる伝達　132
見本項　115
耳と運動が繋がりはじめる　109
耳の受動性　20
みわける　37
みわける力　126
目新しい模倣　131
目と運動が繋がりはじめる　107

目の志向性　20
面　32
目標設定　38, 41
文字概念形成　156
文字ことば　155
物投げ行動　72
物の永続性の成立　106
模倣　2, 38
問題をすくいとる作業　72
モンテッソーリ法　79

### や　行

やわらかさ　141
遊戯療法　79
指さし　2, 32, 131
指さし対応弁別　126
指さし－指さし対応弁別　126
「ゆらし」のアプローチ　63, 77
ヨコの系　34, 47
横向けの姿勢　93

### ら　行

螺旋的　47
臨床仮説　50, 52
臨床支援の方略　168, 171, 174, 176
臨床実習システム　80
臨床的観察　8, 9, 46
臨床的見立て　50
臨床方略　39
劣等感　146

## 著者紹介

宇佐川　浩（うさがわ・ひろし）

1947年生まれ。2010年逝去。
上智大学文学部、同大学院において、霜山徳爾先生のもとで臨床心理学をまなぶ。
淑徳大学総合福祉学部元教授、元淑徳大学発達臨床研究センター長。
専攻：発達臨床心理学、ことばとコミュニケーションの臨床、音楽療法、障害の重い子どもの療育臨床など。（臨床発達心理士・認定音楽療法士・臨床心理士）

　35年間にわたって一貫して幼児期、学童前期の発達臨床と研究に携わってきた。その中心は淑徳大学発達臨床研究センターにおける実践と研究であり、独自に開発した感覚と運動の高次化アプローチを全国に向けて発信し、あわせて養護学校、発達支援センター、保育所などでのコンサルテーション活動も行っていた。

**主要著書・ビデオ**：『感覚と運動の初期発達と療育』全国心身障害児福祉財団(1986)．『感覚と運動の高次化と自我発達』全国心身障害児福祉財団(1989)．『障害児の発達臨床とその課題』学苑社(1998)．『障害児の発達支援と発達臨床』全国心身障害児福祉財団(2001)．『障害をもつ子どもの発達臨床１巻・２巻』（ビデオ）、ジエムコ出版(1994)．『ことばの遅れと療育１巻・２巻』（ビデオ）、ジエムコ出版(1999)．

障害児の発達臨床 I
感覚と運動の高次化からみた子ども理解　　　　　　　　©2007

2007年6月5日　初版第1刷 発行
2025年10月10日　初版第12刷 発行

著　者　宇佐川　浩
発行者　杉本　哲也
発行所　株式会社　学 苑 社
　　　　東京都千代田区富士見2-10-2
　　　　　　　　　グラン・ブルーム5F
　　　　電話　03（3263）3817
　　　　fax.　03（3263）2410
　　　　振替　00100-7-177379
　　　　印刷　藤原印刷株式会社
　　　　製本　株式会社難波製本

検印省略　　　　　乱丁落丁はお取り替えいたします。
　　　　　　　　　定価はカバーに表示してあります。

ISBN978-4-7614-0704-9

## 発達支援

### 障害児の発達臨床Ⅱ
### 感覚と運動の高次化による発達臨床の実際

宇佐川浩【著】

A5判●定価 3080 円

発達臨床の問題や自閉症児・軽度発達障害児に対する感覚と運動の高次化アプローチからみた支援と臨床論、教材・教具論などを解説。

## 発達支援

### 感覚と運動の高次化理論からみた発達支援の展開
子どもを見る眼・発達を整理する視点

池畑美恵子【著】

B5判●定価 2420 円

「感覚と運動の高次化理論」を通した子どもの読み取り方から臨床実践までを整理した1冊。「高次化理論」初学者に最適な書。

## 発達支援

### 感覚と運動の高次化理論に基づく教材の活用とかかわりの視点
発達支援スタートブック

池畑美恵子【監修】
冨澤佳代子【編著】

B5判●定価 2530 円

「感覚と運動の高次化理論」に基づいた教材・教具・アクティビティを紹介。その活用を通して、子どもの発達の理解や実践の工夫につなげる。

## 発達支援

### 感覚と運動の高次化理論からみた生涯発達支援
将来を見据えた発達的視点

渡邉正人・石井みや子【編著】

B5判●定価 2420 円

「感覚と運動の高次化理論」による教材・教具の紹介や指導・支援の解説に加え、生涯発達支援の重要性についても説く1冊。

## 発達支援

### 非認知能力を育てる発達支援の進め方
「きんぎょモデル」を用いた実践の組み立て

関西発達臨床研究所【編】
高橋浩・山田史・天岸愛子・若江ひなた【著】

A5判●定価 2090 円

子どもの充実した成長・発達につながる非認知能力を育てるための「きんぎょモデル」を紹介。笑顔を生み出す楽しい発達支援！

## 発達支援

### 誰でも使える教材ボックス
教材共有ネットワークを活かした発達支援

奈良県立奈良養護学校【編】
高橋浩・藤川良純・西端律子・太田和志・鴨谷真知子【著】

B5判●定価 2420 円

教材をデータベース化した連動サイト「教材共有ネットワーク」の活用方法も含め、「作りやすくて使いやすい」教材を紹介！

税 10%込みの価格です

**学苑社**
Tel 03-3263-3817
Fax 03-3263-2410
〒102-0071 東京都千代田区富士見 2-10-2
E-mail: info@gakuensha.co.jp
https://www.gakuensha.co.jp/